新人諸君!

弱い雄《オトコ》の戦略に学べ!

LEARN THE STRATEGY OF WEAK MALE!

著 内山りゅう
ネイチャーフォトグラファー

駒草出版

まえがき

僕はいままで、
水にかかわる生きものとその環境の撮影を続けてきた。
30年近く経っても、
彼らへの興味は尽きることがない。

普段、気にとめないような生きものたちでも、

その生態を知れば知るほど、
それぞれが驚くような物語をもっていることに気がつく。

見た目が不気味だったり、
小さくて見過ごしそうな生きものであっても、
その生きざまには、
僕たちが学ぶべきことがたくさんあるはずだ。

ネイチャーフォトグラファー　内山りゅう

もくじ

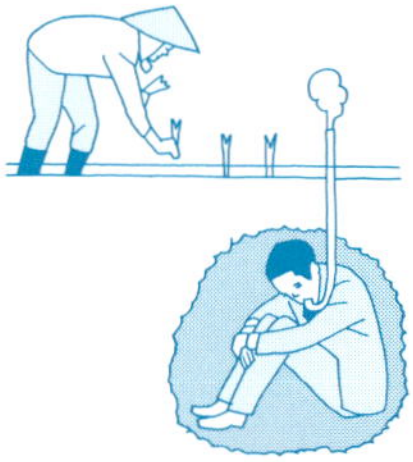

経営者の方へ

人生訓

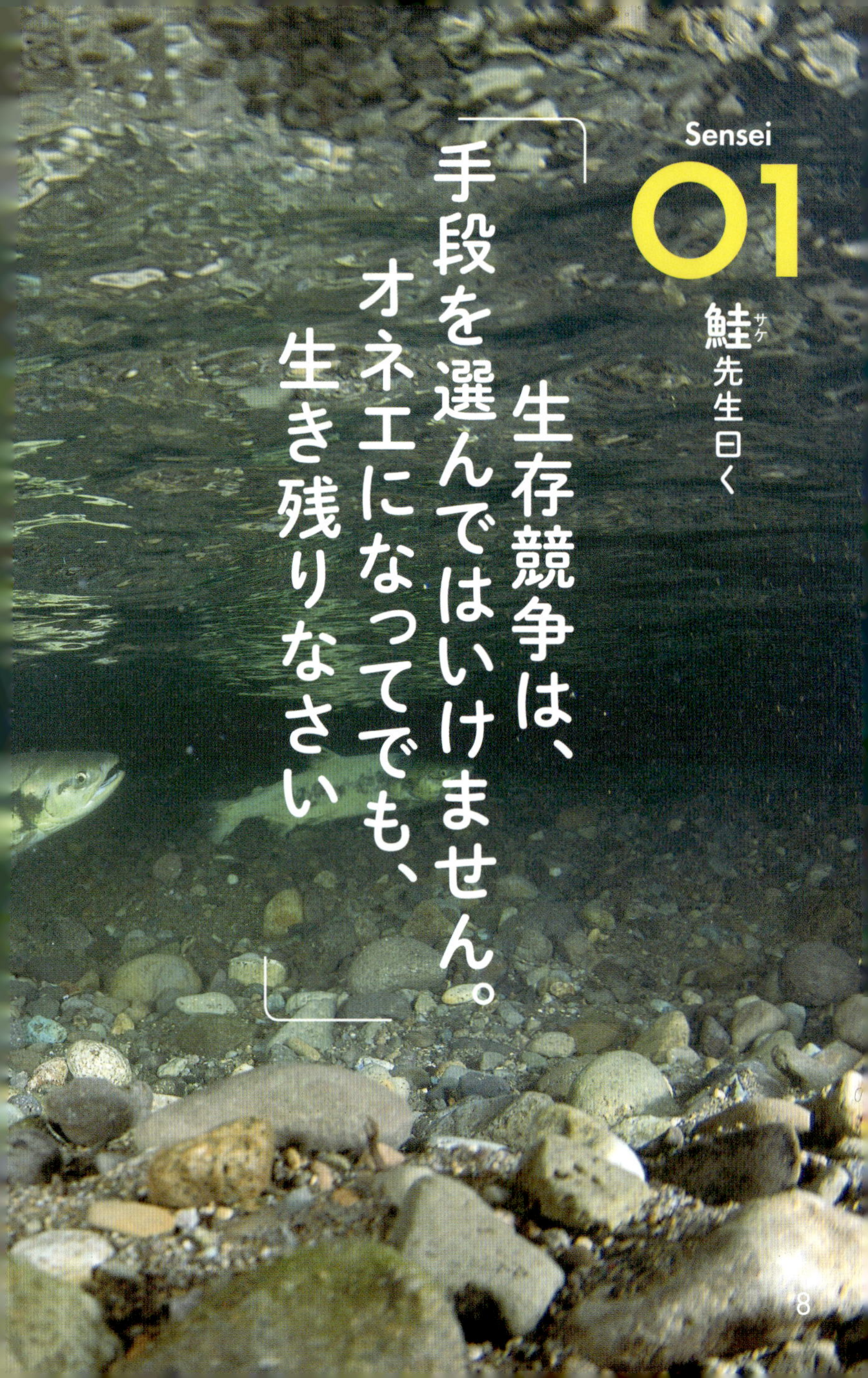

Sensei 01

鮭《サケ》先生曰く

「生存競争は、
手段を選んではいけません。
オネエになってでも、
生き残りなさい」

鮭

【分類】サケ目サケ科サケ属の魚類。

【生態】体長はおよそ70センチ。大きなものは90センチを超えることもある。最も重要な水産魚種のひとつで、人工孵化放流事業により、支えられている。卵をさす「イクラ」はロシア語である。

弱い雄はこうして生き残る

自然界では、体が大きく強いオスほど、メスを獲得できるので、それだけ繁殖のチャンスは増えます。では、体の小さなオスには、まったく繁殖のチャンスがないのかといえば、実はそうでもありません。

強いサケのオスは、自分の縄張りをもっていて、他のオスに対しては激しく威嚇し、噛みついて排除しますが、メスに対してはやさしく振舞います。そこで、体が小さく弱いオスたちは、メス特有の体色に化けることで、強いオスの警戒を解き、メスが産卵する瞬間に猛ダッシュで近づき、放精して子孫を残そうとするのです。

サケからの教え

勝負は、常にチカラの強い者が勝つとは限りません。弱い者には、弱い者なりのやり方があります。

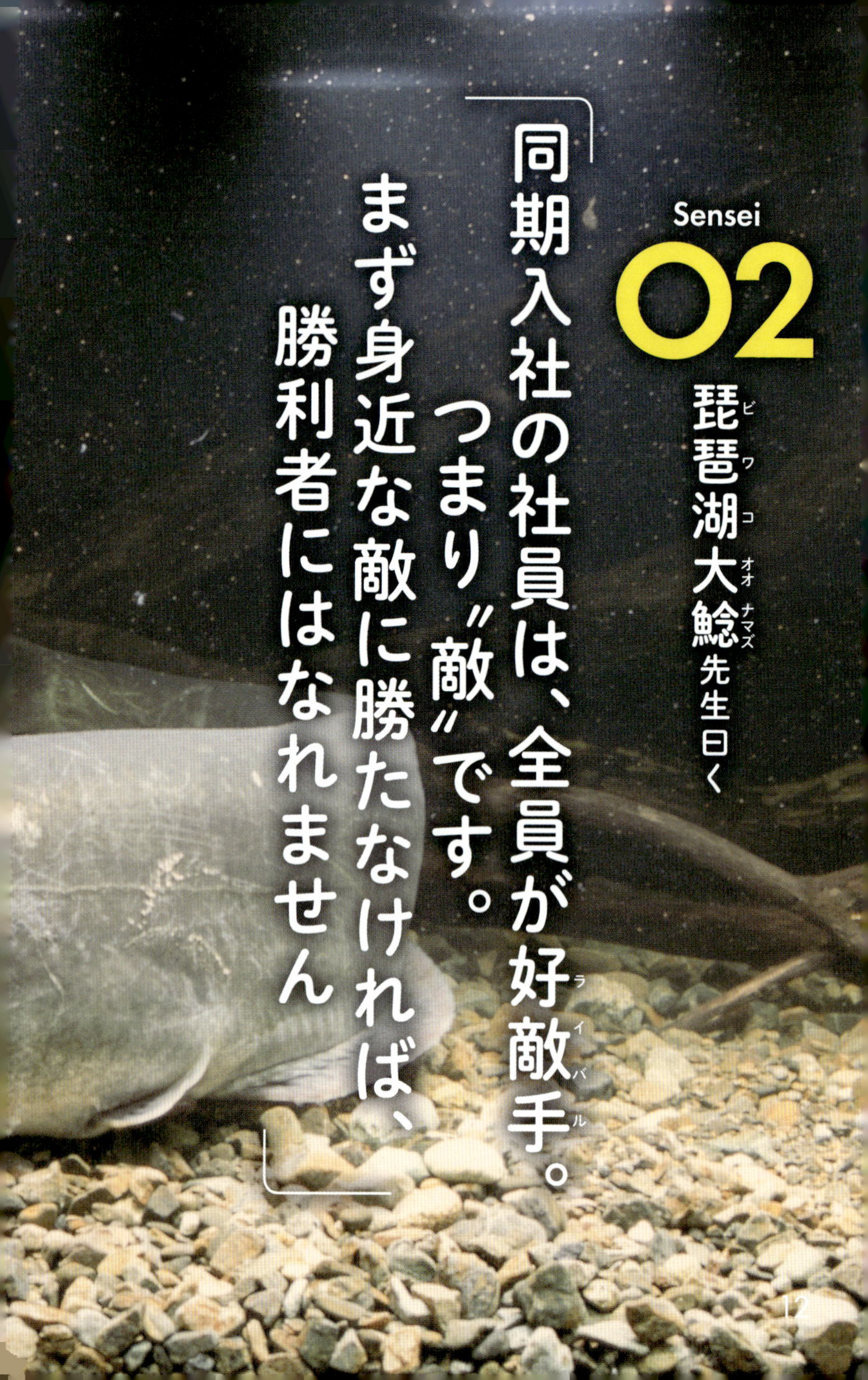

Sensei

02

琵琶湖大鯰《ビワコオオナマズ》先生曰く

「同期入社の社員は、全員が好敵手《ライバル》。
つまり〝敵〟です。
まず身近な敵に勝たなければ、
勝利者にはなれません」

琵琶湖大鯰

【分類】ナマズ目ナマズ科ナマズ属の魚類。

【生態】体長は最大120センチを超える、在来の淡水魚では最大級の魚である。琵琶湖・淀川水系のみに分布する日本固有種。一般にメスのほうが大きい。ビワマス、フナ類などの魚を捕食する。

勝負事に馴《な》れ合いは禁物。

　ビワコオオナマズは、琵琶湖・淀川水系固有のナマズで、その全長は優に1メートルを超えます。以前、私は卵をもち帰り、我が家のスタジオで、その孵化から成長を追ったことがあるのですが、卵から孵って1週間もすると、共食いがはじまります。自分の体と同じ大きさの稚魚を食べ続けて、みるみる成長していきます。そして、たくさんの共食いをした個体ほど、あきらかに成長が早いというシビアさです。
　つまり、兄弟姉妹を多く食べた者だけが生き残り、生態系の頂点に君臨することを許されるのです。自然というものは、美しくも厳しいものです。

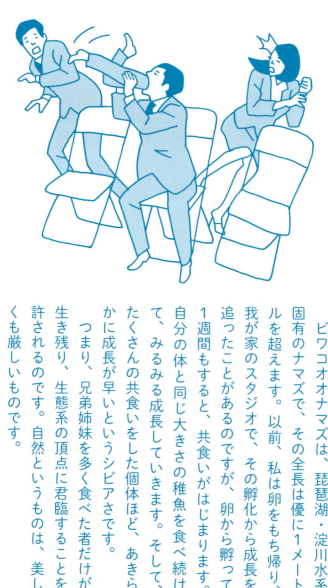

ビワコオオナマズからの教え

ビジネスは、勝ち負けを決める勝負事でもあります。同期の社員は、同じリングに上がった相手ですから、ゴングが鳴れば、敵のひとりに過ぎません。

Sensei

03

豊《ホウ》年《ネン》蝦《エビ》先生曰く

「機が熟すまでは、
忍の一字です。
〝〇〇の卵〟と呼ばれる
時代の修行には、
耐えるだけの価値が
あるものです」

豊年蝦

【分類】ホウネンエビ目ホウネンエビ科ホウネンエビ属の鰓脚類。
【生態】体長はおよそ1 ～2センチ。カブトエビと同じ鰓脚類だが、本種は在来種。成体での雌雄の判別は簡単で、オスは頭部に交接用の付属器が発達している。

*写真はメスの個体である。卵が透けて見えている。

つらい時間に耐えることは停滞ではない

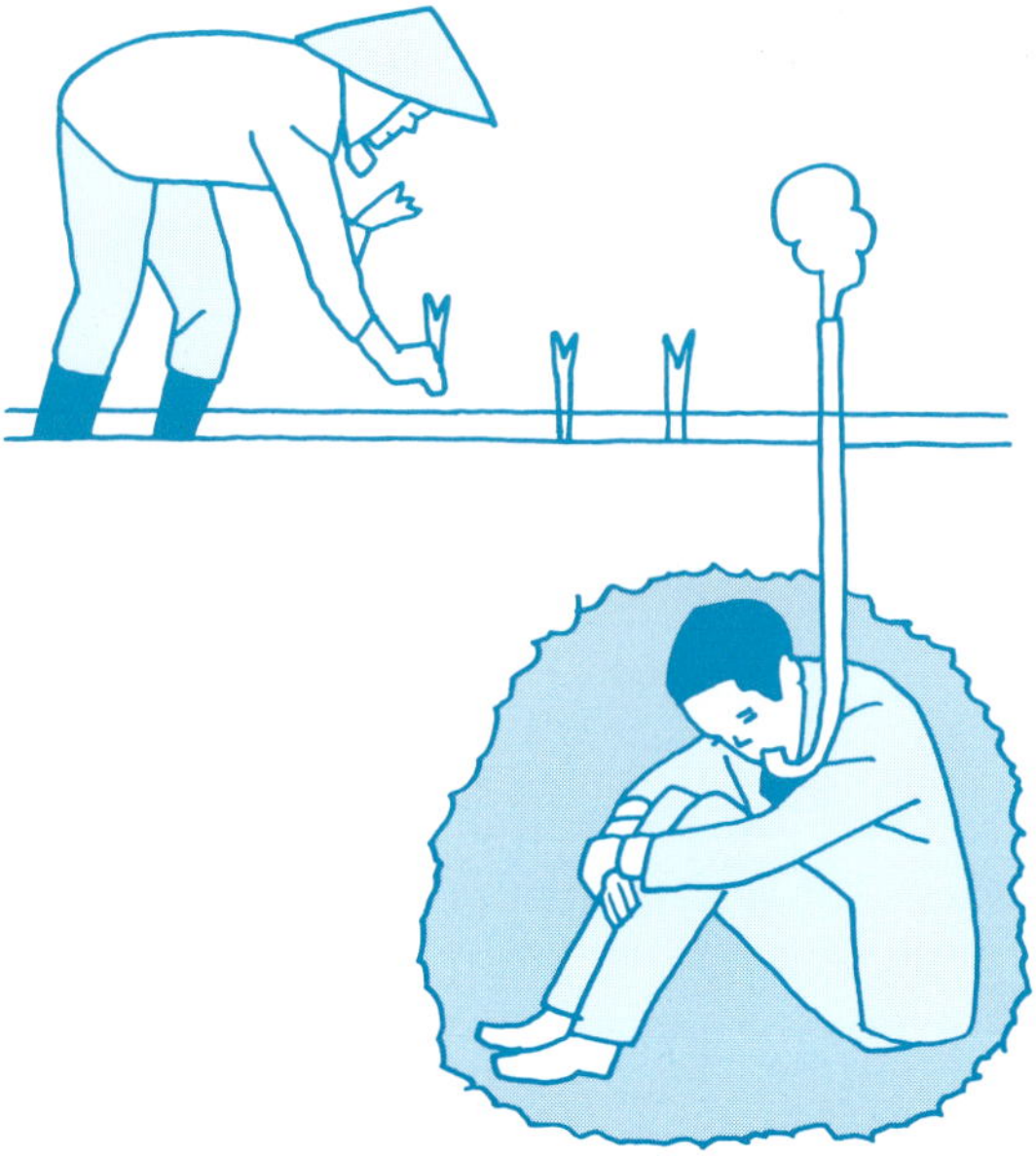

ホウネンエビは、田んぼに暮らすカブトエビなどと同じく、小さな甲殻類の仲間です。盛夏となり、田んぼから水が抜かれる前に卵を産みますが、その卵は寒さや暑さ、乾燥にも強く、土の中で数年間も耐えられるそうです。通常の場合、厳しい冬の寒さを地中で耐え、翌春に田んぼに水が入れられると、卵は孵化して幼生となり、脱皮をくり返して、成体へと成長します。

「その時」が来るまで、約8カ月も地中で待ち続け、1カ月ほどの短い天寿をまっとうし、土に還ります。小さくても、がまん強い私たちの隣人です。

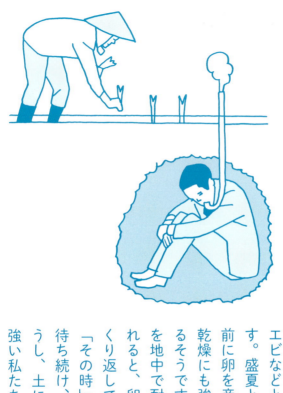

ホウネンエビからの教え

下積みの時代はつらく厳しいものですが、その時間に耐えた者だけが、成功を手にすることができるのです。

坊主鯊

【分類】スズキ目ハゼ科ボウズハゼ属の魚類。

【生態】体長はおよそ15センチ。産卵期は初夏で、石の下の天井に卵を産みつけ、雄が守る。孵化した稚魚はすぐに海へ下り、海で越冬したのち、春の川を遡上する。

Sensei

04

坊主《ボウズ》鯊《ハゼ》先生曰く

「立ちはだかる困難の大きな壁に
ひるんではいけません。
無理に飛び越えることを考えず、
その壁にとりつき、一歩ずつ……
確実に上り続ければいいのです」

一歩ずつでも進み続ければ、必ず道は開ける

ボウズハゼは、水の流れが速い渓流域に生息する淡水性のハゼです。頭が丸く、「坊主」と呼ばれます。口とお腹にある吸盤を使って、岩盤に吸いつき、数メートルもの垂直の湿岩を登ります。

ボウズハゼの体長は、わずか10～15センチほどで、人間サイズに置き換えれば、5メートルの壁も80メートルに相当する高さですから、彼らの凄さがわかるでしょう。観察していると、落下するものも多いのですが、みんな懸命に一歩ずつ登っていきます。

「上流に少しでもいい場所がある」ことを信じ、チャレンジをくり返すのです。

ボウズハゼからの教え

人生の壁にぶち当たったときには、あきらめたり、無理な飛躍もせず、粘り強くその壁にとりついて、少しでも上にのぼる努力を続けることが大切です。

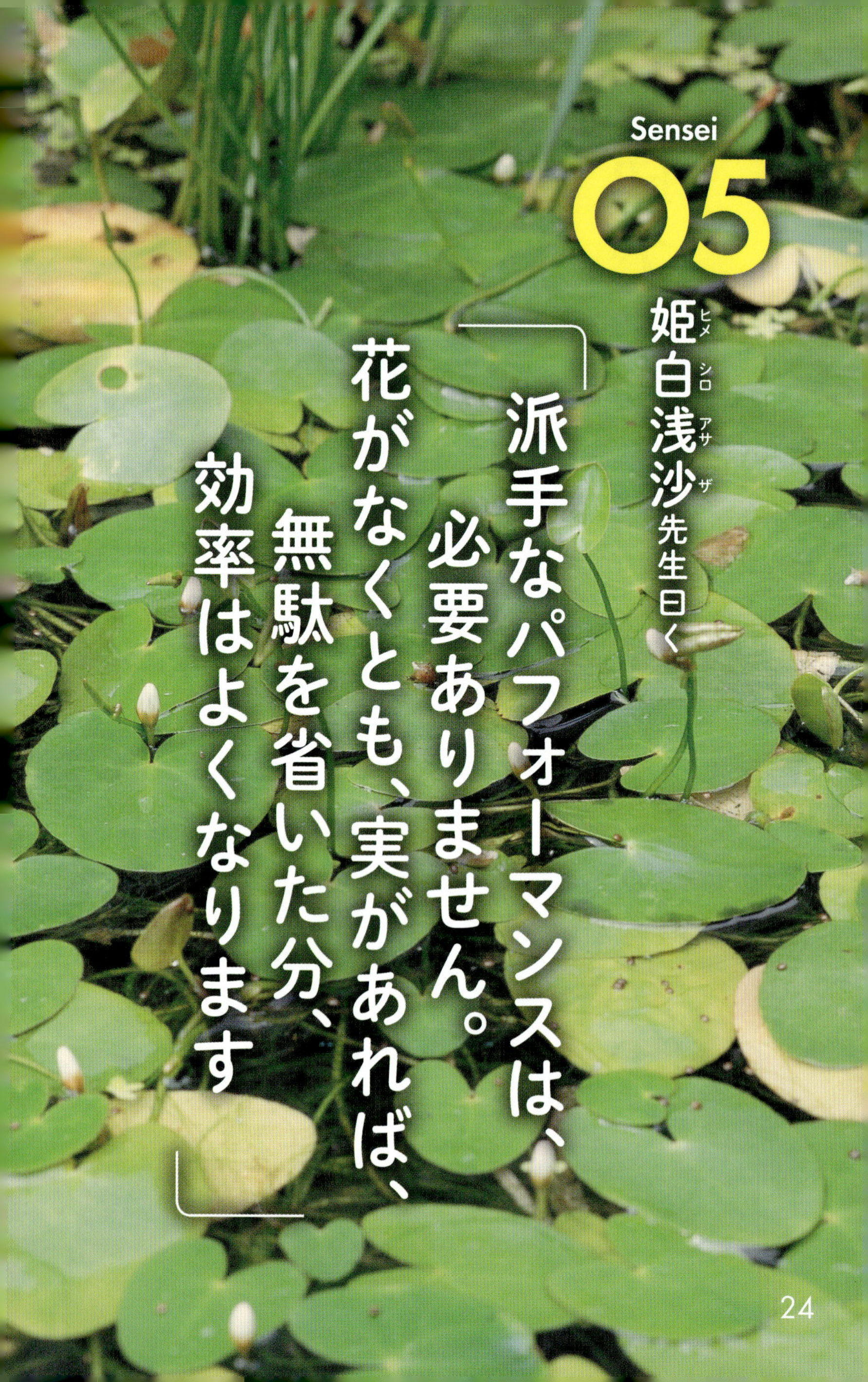

Sensei

05

姫《ヒメ》白《シロ》浅《アサ》沙《ザ》先生曰く

「派手なパフォーマンスは、
必要ありません。
花がなくとも、実があれば、
無駄を省いた分、
効率はよくなります」

姫白浅沙

【分類】ナス目ミツガシワ科アサザ属の水草。

【生態】夏に白い花を咲かせる水草で、湖や沼、池、水田などに生息しているが、近年その数は激減している。日本の他、中国や朝鮮半島、ロシアなどにも分布している。

華やかさよりも実のある生き方を選ぶ

　ヒメシロアサザは、水田の雑草とされてきた水草ですが、現在は絶滅危惧種です。以前に、その花を撮ろうと生育地に通ったのですが、いつ足を運んでも花が咲いていません。研究者にたずねると、その生育地のものは閉鎖花タイプであるといい、花を咲かせずに自家受粉する集団であることがわかりました。自家受粉は結実率が高く、非常に効率がいい反面、クローン個体であることから、ウイルスや病気が流行すれば、一気に全滅するリスクもはらんでいます。
　ちなみに開放花は、他から遺伝子が入ることで多様性が保たれ、全滅はしにくいでしょう。

ヒメシロアサザからの教え

時間や労力を派手なパフォーマンスに費やすよりも、地味でも大切な仕事をコツコツと積み上げることのほうが大切です。

鯉

【分類】コイ目コイ科コイ属の魚類。
【生態】体長はおよそ60 ～70センチ。大きなものは、100センチを超える。昔から放流が盛んで、自然分布は不明である。スマートな体型の野生型も存在する。錦鯉は観賞用として、人の手でつくられたものである。

Sensei
06
鯉《コイ》先生曰く

「チャンスが多ければ多いほど、
実現の可能性は高まります。
成功の種はなるべく多く、
広くまきなさい」

成功する秘訣は、多くの種をまくこと

コイは、日本を代表する淡水魚で、その全長は1メートルを超える大型魚です。

その産卵は、河川などの浅瀬でおこなわれますが、一匹のメスが10万粒もの卵を産むのですから、驚くべき多産といえるでしょう。大型魚といえども、卵や稚魚のうちは、多くの天敵の危険にさらされながら育ちますので、大量の卵をばら撒くことで、生存率を高めようとしているわけです。

また、野球のメジャーリーグのように、底辺が広ければ広いほど、エリート的な強い個体も産まれやすいということもあるのかもしれません。

コイからの教え

チャンスが多ければ多いほど、成功できる可能性は広がります。ひとつの企画を掘り下げることも大切ですが、いい企画を数多く立案する努力も必要です。

Sensei

07

目《メ》高《ダカ》先生曰く

「1日にこなせる仕事量が少なくても、
あなたが負けるとは限りません。
1年365日、1日でも多く働くことで、
人より抜きんでることは可能です」

目高

【分類】ダツ目メダカ科メダカ属の魚類。
【生態】ミナミメダカとキタノメダカの2種類の総称。ミナミメダカの体長は普通3センチほどだが、キタノメダカはおよそ4センチに達する。日本固有種で田んぼや農業水路に生息する。

実績とは、毎日コツコツと積み上げるもの

メダカの属名は「オリジアス」といいますが、それは稲の属名である「オリザ」に由来します。つまり、メダカは名実ともに「田んぼの魚」といえるでしょう。

体長3~4センチほどの小さな魚としては、1回の産卵数は少なく、数個から数十個しか産むことができません。

しかし、その分、繁殖期は数カ月と長期に及び、毎日コツコツと産む続けることができます。最終的に3000個もの卵を産んだという例もあり、真面目に地道に実績を積み上げる姿が、古きよき時代の日本人のように感じるのは私だけでしょうか。絶滅危惧種になってしまったのは、悲しいことです。

メダカからの教え

一発逆転の勝ち方は華やかに見えるもの。しかし、真の勝利者の多くは、地道に小さな実績を積み上げる努力を怠らなかった人たちです。

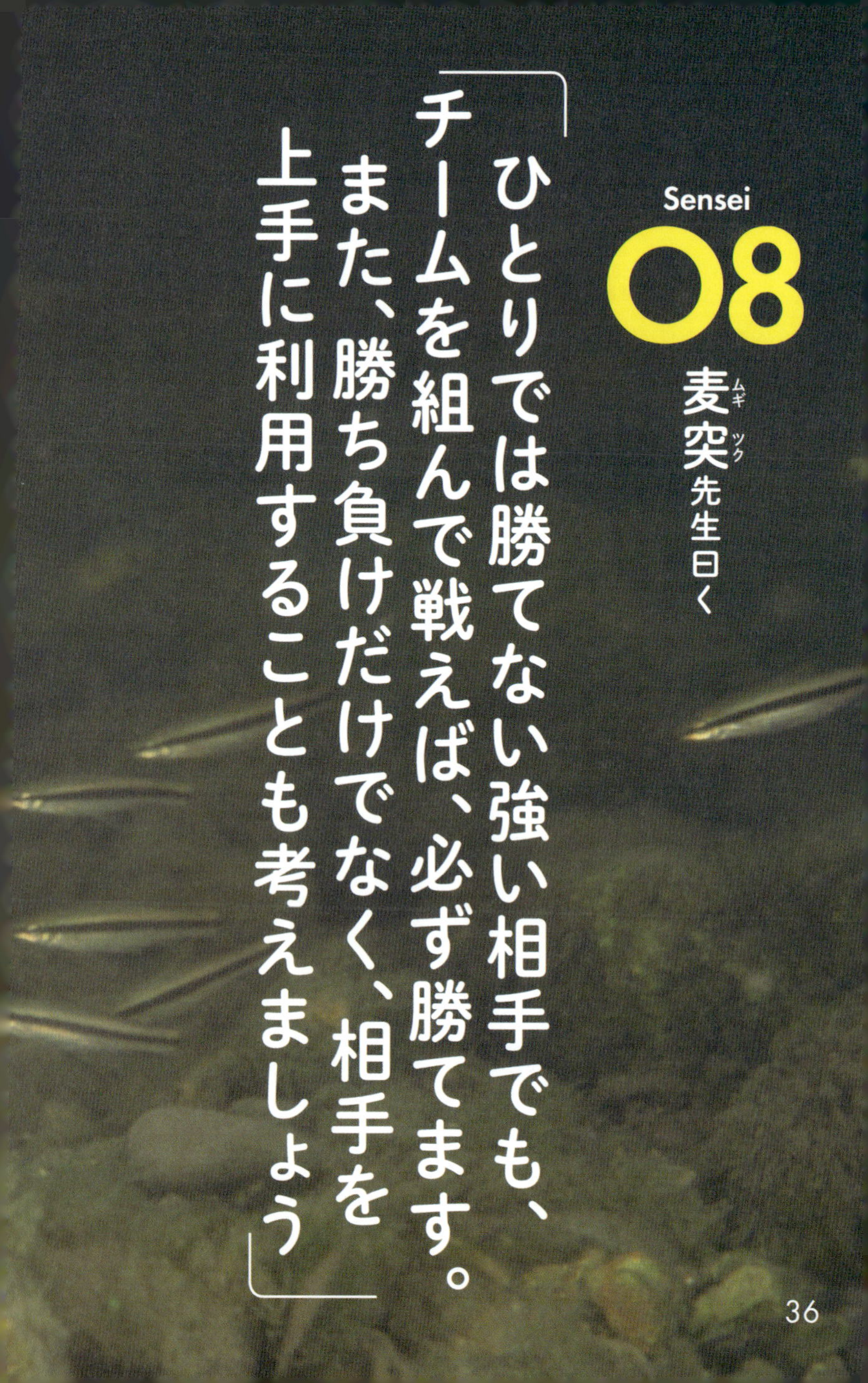

Sensei

08

麦《ムギ》突《ツク》先生曰く

「ひとりでは勝てない強い相手でも、
チームを組んで戦えば、必ず勝てます。
また、勝ち負けだけでなく、相手を
上手に利用することも考えましょう」

麦突

【分類】コイ目コイ科ムギツク属の魚類。
【生態】体長は10 〜15センチ程度で、主に西日本の河川に生息している。関東地方でもみられるが、これは人為的に移入されたもの。水の流れがゆるやかなところを好み、雑食性で、水生昆虫や魚の卵、藻類などを食べる。

ひとりで勝てない相手には集団で戦え！

ムギツクは、主に西日本の川に生息するコイ科の魚です。この魚が生息する川には、オヤニラミやドンコ、ギギなどの肉食魚が暮らしているのですが、これらの魚種には共通して、繁殖期にオスが卵や稚魚を守る習性があります。

ムギツクは、これらの魚が卵を守っている時期に集団で群がり、その卵を食べてしまいます。1対1では絶対に勝てない相手でも、集団で乗り込んで相手をかく乱させ、隙を見て卵を食べてしまうのです。さらにムギツクは自らの卵をその場所に産みつけ、子を失った肉食魚は、その卵を守り続けることになります。

ムギツクからの教え

どうしても倒せない強い相手にも、チームを組んで戦えば勝てるものです。さらに、どうすれば相手を最大限利用できるのかを考えて行動すべきです。

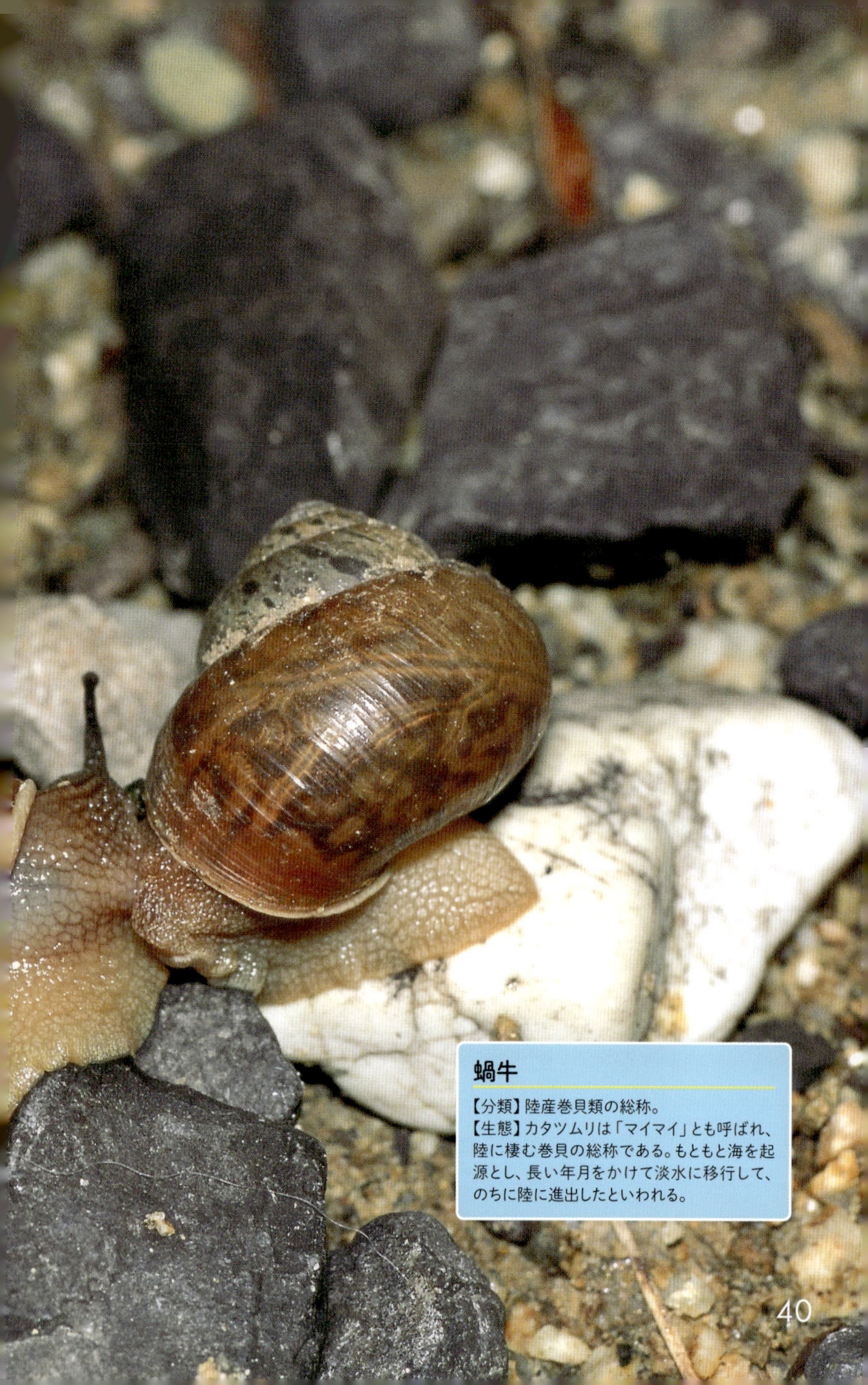

蝸牛

【分類】陸産巻貝類の総称。

【生態】カタツムリは「マイマイ」とも呼ばれ、陸に棲む巻貝の総称である。もともと海を起源とし、長い年月をかけて淡水に移行して、のちに陸に進出したといわれる。

Sensei

09

蝸牛《カタツムリ》先生曰く

「商談するつもりがない相手には、
お決まりの営業トークは
役に立ちません。
まず相手が商談をしたくなる
話をするべきです」

スキンシップでその気にさせる？

陸に暮らす貝類を陸貝といいます。よく「カタツムリ」とか「デンデン虫」と呼ばれるのは、マイマイ類です。

この仲間は雌雄同体で、2匹の個体が出会うとお互いに精子交換をおこないます。このとき、お互いの気持ちを高め合うために、「恋矢《れんし》」と呼ばれる硬い石灰質の針状の器官で、相手をツンツンと突っつきます。恋矢の形は、カタツムリの種類によって異なりますが、この恋矢によるツンツン動作が重要な刺激となって、交尾がおこなわれることがわかっています。マンネリにはある種の刺激が必要……ということでしょうか。

カタツムリからの教え

「うちは、結構です」とニベもなく断られる相手に、通常の営業トークをしても意味がありません。まずは相手をその気にさせるために、思い切ったつかみのトークを考えてぶつけてみましょう。

素魚

【分類】スズキ目ハゼ科シロウオ属の魚類。

【生態】サケ目シラウオ科の白魚とよく混同されるが、まったく別の魚である。春を告げる味覚として珍重され、竹を十字に組んだ四手網などで捕獲される。踊り食いなどの生食が盛んである。

Sensei

10

素《シロ》魚《ウオ》先生曰く

「強い者は派手に
目立とうとしますが、
私は自分の印象を消すことで
生き残ってきました。
勝ち方は、ひとつだけでは
ありません」

存在を消すことが最大の武器となる

体長5センチほどのハゼの仲間で、混同されやすいシラウオ科の白魚とは、まったくの別種です。死ぬと白くなりますが、生きている個体は限りなく透明で、浮き袋や脊柱などは透けて丸見えです。写真家泣かせの魚で、水中で目視するのは簡単ですが、いざファインダーを通すと大変見えづらく、ピントもなかなか合いません。小さくて、敏捷なうえに、さらに透明なのですから、撮影が難しいのも当然です。

つまり、目で捕えにくい、この透明さこそがシロウオの最大の武器で、外敵に見つけられにくく、捕食される危険を巧妙に避けているのです。

シロウオからの教え

とかくビジネスの世界では、仕事ぶりの目立つ人がもてはやされますが、人生は長期戦です。自ら目立つことなく、地味な実績を着々と積み上げた者が頂点に立つことは、珍しくありません。

針金虫

【分類】ハリガネムシ目に属する生物の総称。

【生態】その体長は数センチ程度から100センチを超えるものまで、多くの種類がいる。カマキリなどによく寄生しているが、そこから出てきた姿を見て、衝撃を受ける人も多い。

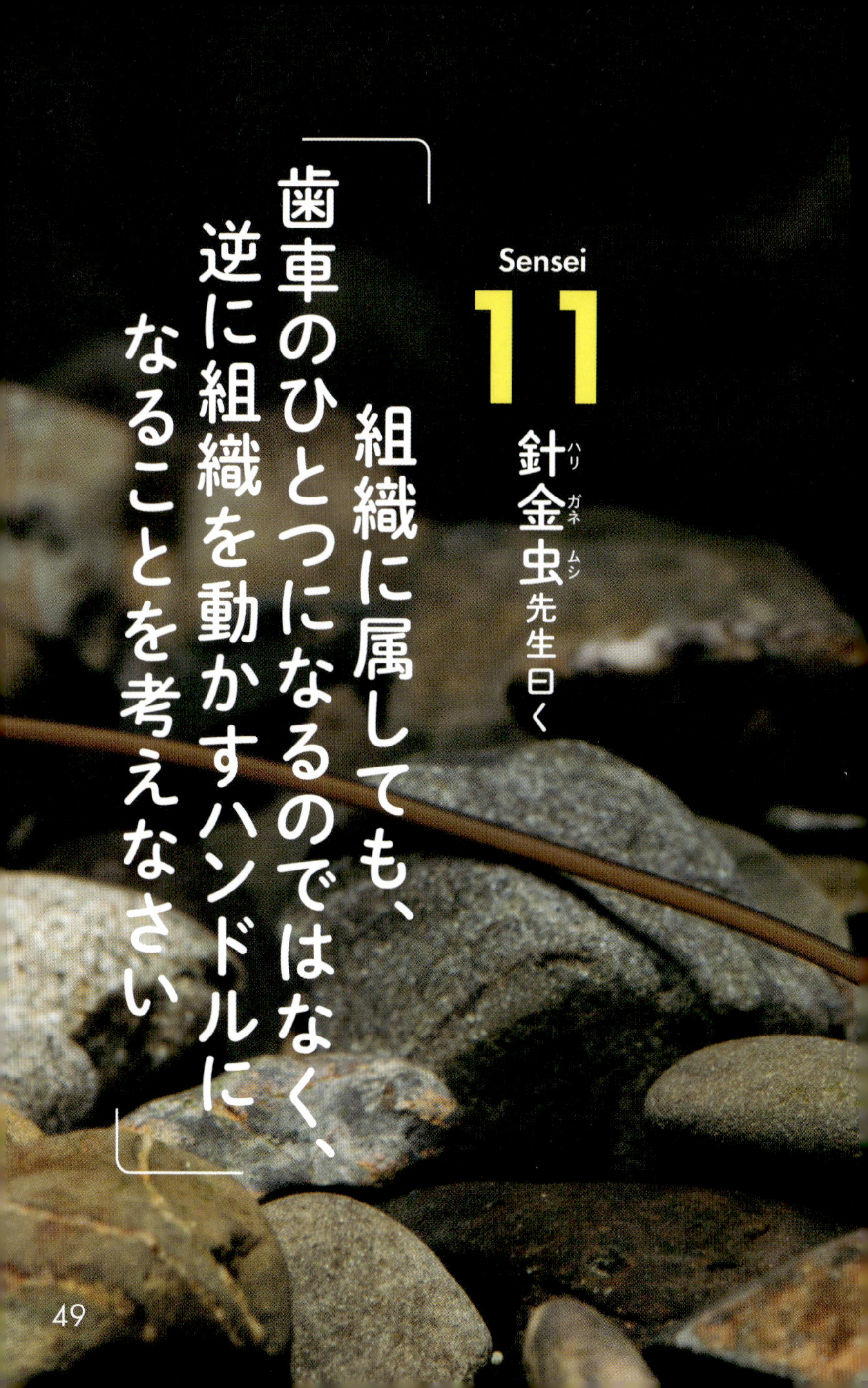

Sensei

11

針《ハリ》金《ガネ》虫《ムシ》先生曰く

「組織に属しても、
歯車のひとつになるのではなく、
逆に組織を動かすハンドルに
なることを考えなさい」

寄生して大きな相手をあやつる術

ハリガネムシは、類線形動物というグループに属する生きものです。幼生は水中で孵化したあと、まず水生昆虫に寄生します。その水生昆虫が別の昆虫などに食べられて、最終的には食物連鎖上で高いところにいる生きものに寄生します。このハリガネムシは、カマドウマというバッタの仲間にも寄生します。カマドウマは森林の倒木の下や洞窟などに生息し、普通水辺では見られません。しかし、ハリガネムシは、カマドウマの脳にある種のたんぱく質を注入して水辺に誘導し、目的を果たすとカマドウマのお尻から脱出するのです。

ハリガネムシからの教え

歯車になれば組織に利用されるだけですが、ハンドルになれば組織を動かすことができます。組織に動かされるだけでなく、組織を動かすことも考えましょう。

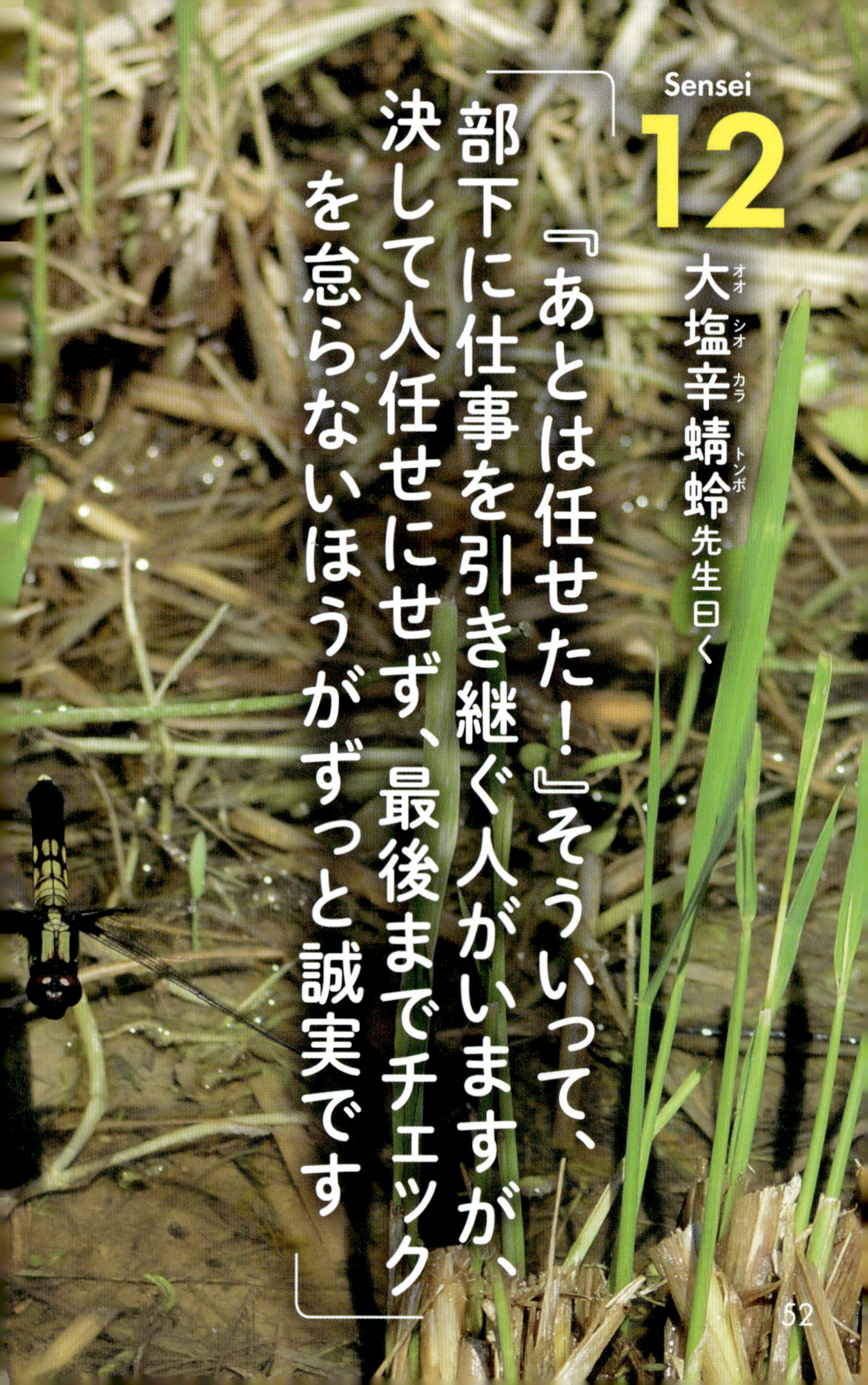

Sensei
12
大《オオ》塩《シオ》辛《カラ》蜻蛉《トンボ》先生曰く

「『あとは任せた！』そういって、部下に仕事を引き継ぐ人がいますが、決して人任せにせず、最後までチェックを怠らないほうがずっと誠実です」

大塩辛蜻蛉

【分類】トンボ目トンボ科シオカラトンボ属の昆虫。
【生態】シオカラトンボより、やや大きくがっしりとしている。雌雄で体色は異なる。

成就するまで見届ける

交尾後のオオシオカラトンボのオスは、水面で産卵するメスの上空を飛びまわり、ガードをします。この行動はパトロールの意味合いだけでなく、メスがきちんと産卵しているかどうかを確認するためともいわれています。念には念を入れる……ということでしょうか。さらに、うわてのトンボもいます。アキアカネのオスは、メスの産卵中も交尾を続けてつながったまま。これなら、他のオスが入り込む隙はありませんよね。さらにさらに、うわてもいて、中には交尾をする前に、前のオスが放った精子をメスの体内から掻きだす者もいて、トンボの世界もなかなか厳しいようです。

オオシオカラトンボからの教え

自分の仕事が終わったからといって、次の担当者に任せっぱなしにするのではなく、その仕事が完成するまで、しっかり見届けることが大切です。

源五郎擬

【分類】コウチュウ目ゲンゴロウ科ゲンゴロウモドキ属の水生昆虫。
【生態】体長3 ～3.6センチ程度で、ロシア東部から北アメリカ北部、日本では北海道や青森県に生息する。同属のシャープゲンゴロウモドキは絶滅が危惧されている。

Sensei

13

源《ゲン》五《ゴ》郎《ロウ》擬《モドキ》先生曰く

「いい仕事を成し遂げても、商品管理、
情報管理をおろそかにすれば、
水泡に帰してしまうこともあります。
最後まで管理は徹底しましょう」

大事なものはしっかり保管する

名称に「モドキ」とついていますが、ゲンゴロウもゲンゴロウモドキも属は異なるものの、同じゲンゴロウ科の水生昆虫です。

このゲンゴロウモドキの仲間のオスは、交尾を終えると、なんとメスの交尾器にフタをして、ふさいでしまいます。交尾後のメスを観察すると、確かにお尻の部分が白い栓をしたようになっているのを見ることができます。

この行為がどこまで有効なのかはわかりませんが、ゲンゴロウモドキのオスは、自らの遺伝子を残すために、交尾の成功率を究極的に高めようと努力しているのです。

ゲンゴロウモドキからの教え

いい商品を開発しても、きちんと管理をしなければ、クオリティが低下したり、アイデアを盗まれたりして、せっかくの努力が無駄になってしまいます。

開発だけでなく、管理も大切です。

針魚

【分類】トゲウオ目トゲウオ科イトヨ属の魚類。
【生態】体長はおよそ5 〜7センチで、日本では滋賀県と岐阜県のみに分布。水の美しい湧水などに生息している。近年、河川の汚染などにより激減しており、絶滅危惧IA類に指定されている。

Sensei

14

針《ハリ》魚《ヨ》先生曰く

「仕事相手を選ぶときには、
誰しも過去の実績を気にします。
自分の実績を
しっかり相手に見せることは、
ビジネスの上で大変重要です」

きちんと実績を見せることが大切だ

ハリヨは、水が美しい湧水などの環境で一生を過ごすトゲウオの仲間です。オスは水底に水草などで巣をつくり、産卵の準備が整ったメスを迎え入れる習性がありますが、どのオスの巣を選ぶかという選択権はメスにあります。メスは繁殖経験のないオスよりも、経験豊富なオスを選択する傾向があるといわれ、巣の中にすでに他のメスの卵があるかどうかで、オスの経験の度合いを判断します。つまり、子連れのオスのほうがモテるというわけです。しかし、経験のないオスは、他の巣から卵を奪って自分の巣に置く偽装をすることもあるので、メスにはオスを見る目が問われます。

ハリヨからの教え

仕事相手を選ぶとき、相手はあなたの実績を見て判断します。ときには偽装をしてでも……とはいいませんが、少しでも自分をよく見せようとする努力は必要です。

河鹿蛙

【分類】無尾目アオガエル科カジカガエル属の両生類。
【生態】体長は4 ～8.5センチの日本固有のカエルで、山間の渓流や森林などに生息している。四肢の指にある吸盤は発達し、滑りやすい渓流の岩の上や樹木の上での生活にも適している。

Sensei

15

河《カ》鹿《ジカ》蛙《ガエル》先生曰く

「プレゼンテーションするときには、その場の環境も考えるべきです。
会議室を飛び出して、
青空会議をするのもひとつの手です」

美しく歌うためにはステージ選びも重要だ

「フィーフィー」と鹿のように鳴くことから、「河鹿」といわれるようになりました。その美しい鳴き声は、オスがメスを誘う広告音ですが、古くから日本人を魅了し、俳句では夏の季語とされました。

河原には無数の石がありますが、彼らにとっては「いい石、悪い石」があるようで、鳴き声をあげるための石のステージを奪い合い、縄張り争いをします。

石の上で2匹のオスが出会うと、相手の上に乗ったり、押したりして、相手を落とそうとするのです。美しく歌ってメスを魅了するためには、歌うステージの良し悪しも大切なようです。

カジカガエルからの教え

「弘法筆を選ばず」ともいいますが、効果的なパフォーマンスをするためには、会場選びも大切です。企画内容にあったステージでおこなってこそ、心に響くプレゼンテーションができるというものです。

東蟇

【分類】無尾目ヒキガエル科ヒキガエル属の両生類。
【生態】体長は8 ～18センチほどで、近畿地方より東の地方に生息していることから「アズマ」とされた。それより西に生息する、同じ仲間のニホンヒキガエルとともに「ガマガエル」とも呼ばれる。

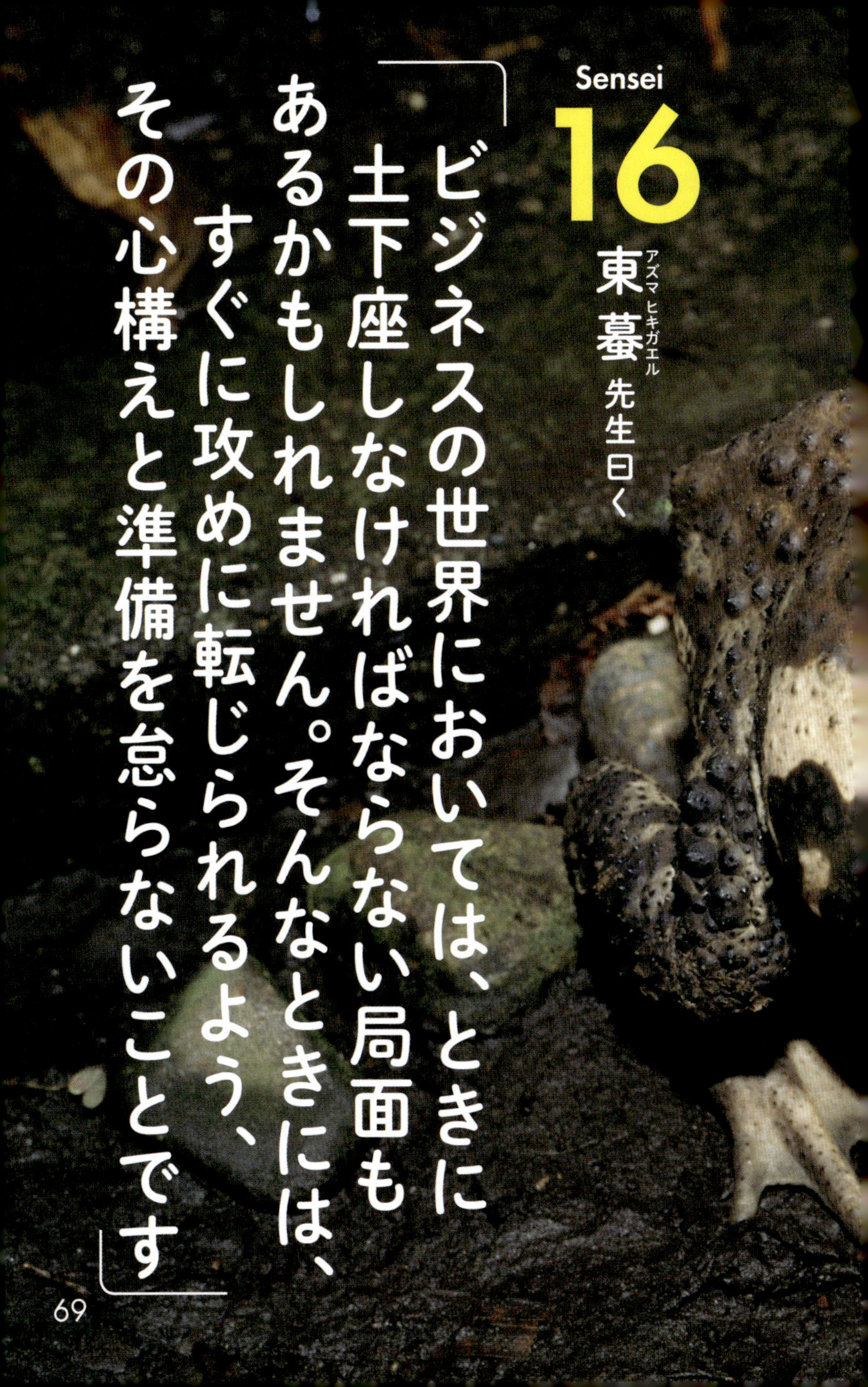

Sensei

16

東《アズマ》蟇《ヒキガエル》先生曰く

「ビジネスの世界においては、ときに土下座しなければならない局面もあるかもしれません。そんなときには、すぐに攻めに転じられるよう、その心構えと準備を怠らないことです」

謝っているように見えても……

アズマヒキガエルは、その名の通り東日本に生息するヒキガエルの仲間です。ずんぐりとした体形が特徴的で、ガマなどとも呼ばれます。外敵に遭遇すると、背中を丸めて頭を下げ、まるで土下座をしているようなポーズをとります。

「ははあっ。私が悪うございました！」といわんばかりの謝罪の姿勢に見えるのですが、実は謝っているわけではありません。

このヒキガエルの眼のうしろには、耳腺《じせん》と呼ばれる猛毒の分泌腺があり、ときに神経系の猛毒を相手に向けて、この耳腺をピュッと放つのです。土下座しているように見えて、実は攻撃体制をとっているのです。

アズマヒキガエルからの教え

長い間会社勤めをしていれば、ときには土下座をしなければ切り抜けられない局面もあるものです。そんなときは、頭を下げながらも次の攻め手を考える「攻めの土下座」を心がけましょう。

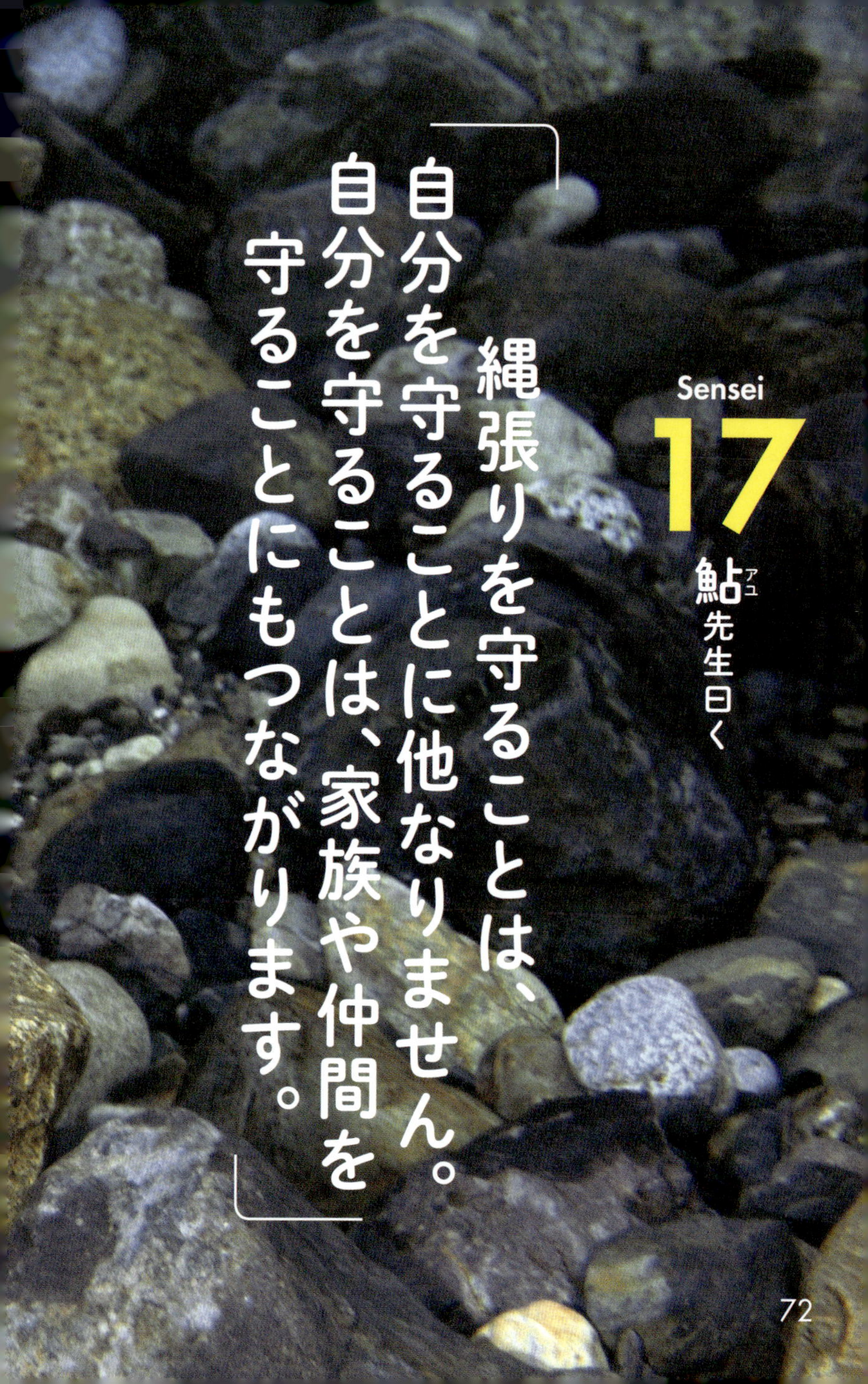

Sensei

17

鮎《アユ》先生曰く

「縄張りを守ることは、
自分を守ることに他なりません。
自分を守ることは、家族や仲間を
守ることにもつながります。」

鮎

【分類】サケ目アユ科アユ属の魚類。

【生態】体長は最大でおよそ30センチ。朝鮮半島からベトナム国境あたりの中国まで分布するが、生息地の中心は日本である。内水面漁業における、最重要種のひとつ。

縄張りを侵《おか》す者たちと戦え！

淡水魚の女王ともいわれる優美な姿をしたアユの一生は、たったの1年間しかありません。「年魚」と呼ばれる所以です。産卵期は秋で、孵化した稚魚は海に流され、冬を温かい海で過ごします。母川回帰能力はないようですが、春に再び遡上します。川に戻ると、エサとなる苔が豊富なところに縄張りをつくり、侵入してくる別の個体を威嚇、攻撃するようになります。この性質を利用したのが、伝統的な友釣りです。長年、日本の淡水世界を見続けてきた私にとっても、アユは特別な魚で、その短く清い生きざまに美学すら感じてしまいます。

アユからの教え

営業の担当エリアは、あなたの縄張りです。同業他社の人間はもちろん、同じ会社の同僚であっても、テリトリーへの侵入を簡単に許してはいけません。

鮎掛

【分類】スズキ目カジカ科カジカ属の魚類。

【生態】大きなものは体長30センチほどになるカジカの仲間で、「カマキリ」とも呼ばれる。日本海側は青森県、太平洋側は茨城県より南に生息しているが、近年は激減していて、絶滅が危惧されている。

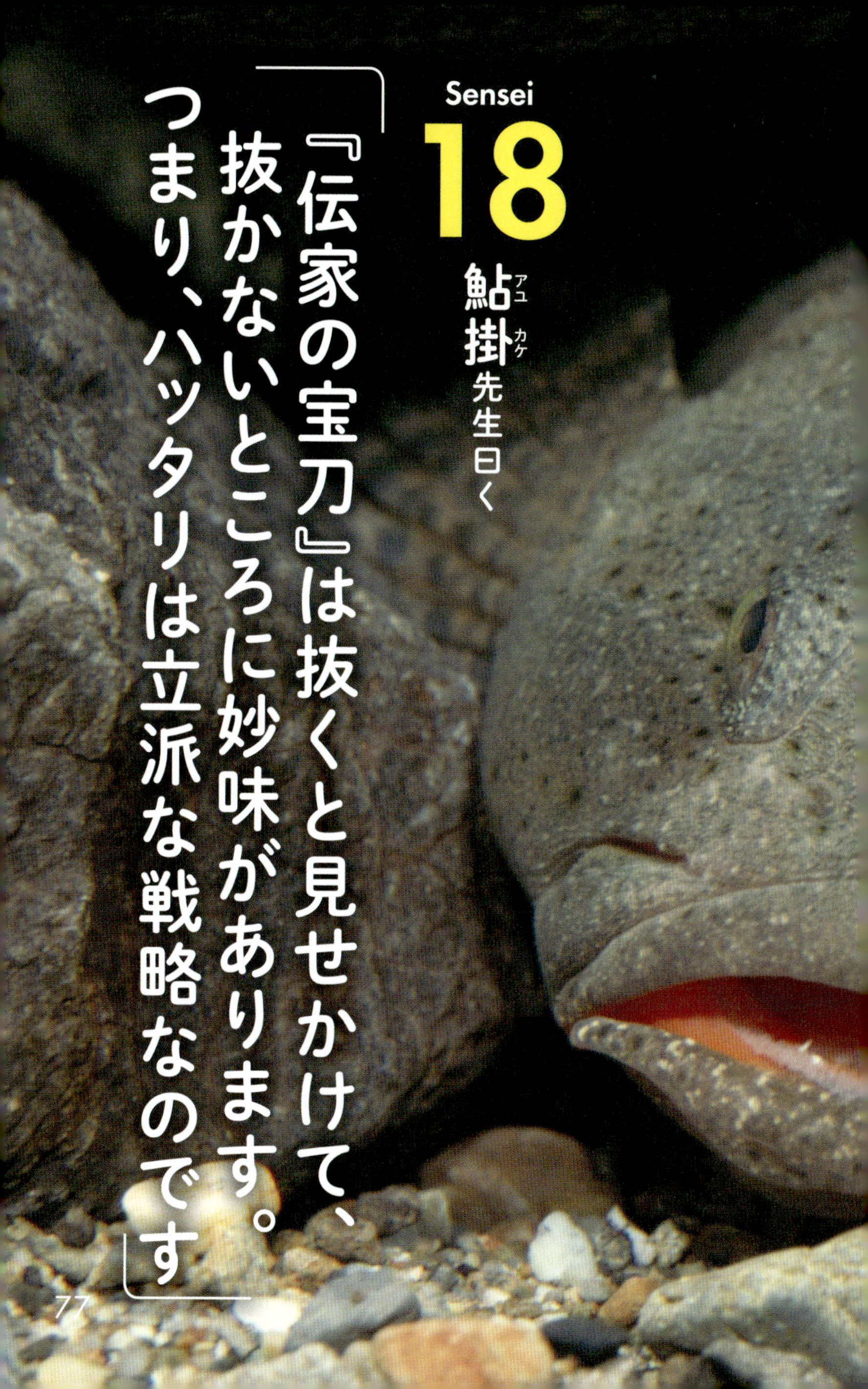

Sensei

18

鮎《アユ》掛《カケ》先生曰く

「『伝家の宝刀』は抜くと見せかけて、抜かないところに妙味があります。つまり、ハッタリは立派な戦略なのです」

伝承される必殺技はハッタリ

えら蓋《ぶた》のトゲでアユを引っかけ、捕えて食べるという伝承から、アユカケと呼ばれていますが、実際の捕食方法は異なるようです。水のきれいな清流に棲んでいて、ずんぐりとした体形が特徴的です。浮力を調整する浮き袋をもっていないため、泳ぎをやめると水底に沈んでしまいます。魚のくせにカナヅチで、普段は川底を這うようにして生活しています。

しかし、瞬発力に富み、エサとなる小魚などが目の前を通ると俊敏に動いて、大きな口でひと呑みにして捕食します。

つまり、アユカケという名称は「看板に偽りあり」です。

アユカケからの教え

ときにはハッタリをかまして、相手をけん制することも必要です。大切なのは、チャンスを逃さず、好機到来の瞬間に素早く動いて、結果を出す瞬発力です。

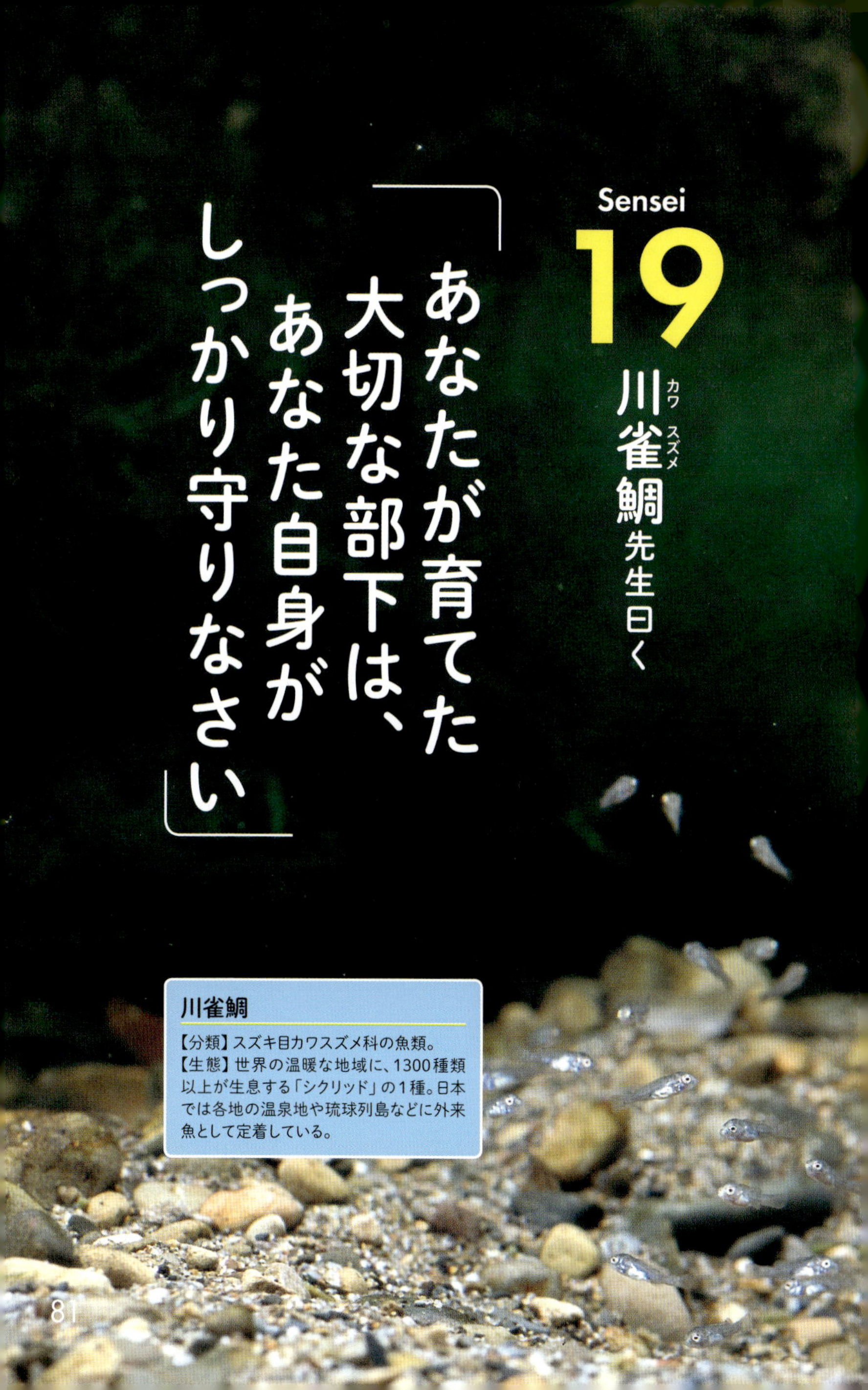

Sensei

19

川《カワ》雀《スズメ》鯛先生曰く

「あなたが育てた
大切な部下は、
あなた自身が
しっかり守りなさい」

川雀鯛

【分類】スズキ目カワスズメ科の魚類。
【生態】世界の温暖な地域に、1300種類以上が生息する「シクリッド」の1種。日本では各地の温泉地や琉球列島などに外来魚として定着している。

口の中に入れても痛くない子ども

カワスズメは、アフリカや中南米を原産とする外来魚です。古来より、生きものは厳しい自然界で生き残るために、さまざまな進化を遂げてきました。

生存率を高める上で重要なのは、魚でいえば卵や稚魚の時代にあたる「最も弱い時期をどう過ごすか？」です。そのため、親が卵や稚魚を守る例は少なくありませんが、カワスズメの仲間は究極の保護対策を編み出しました。その保護対策とは「口内保護」といわれるもので、文字通り、口の中で卵を孵化させ、稚魚になって外に出たあとも、危機が迫るや口の中に避難させるというもの。まさにウルトラCです。

カワスズメからの教え

あなたが育てたかわいい部下は、子どもも同然の存在です。同じ部署であればもちろんのこと、他部署に異動したあとも、危急のときにはしっかり守ってあげるべきです。

Sensei

20

八《ヤツ》目《メ》鰻《ウナギ》先生曰く

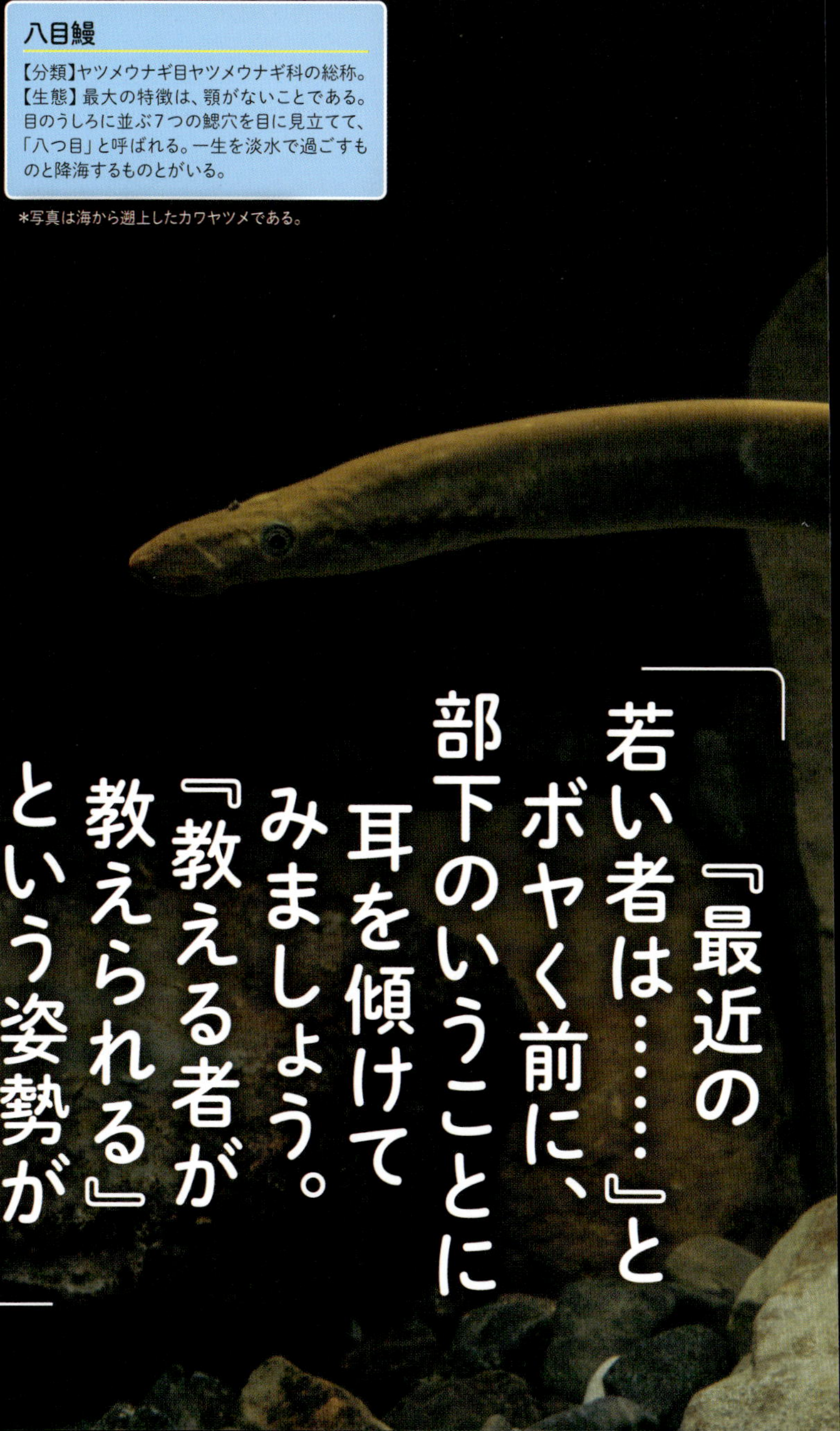

八目鰻

【分類】ヤツメウナギ目ヤツメウナギ科の総称。
【生態】最大の特徴は、顎がないことである。目のうしろに並ぶ7つの鰓穴を目に見立てて、「八つ目」と呼ばれる。一生を淡水で過ごすものと降海するものとがいる。

*写真は海から遡上したカワヤツメである。

「『最近の若い者は……』とボヤく前に、部下のいうことに耳を傾けてみましょう。『教える者が教えられる』という姿勢が」

子どもが大人を導くこともある

ウナギといっても、いわゆるウナギとはまったく別のグループです。顎《あご》のない魚であり、この点だけでどの魚類とも一線を画す、特異な生物といえます。

ヤツメウナギの仲間は、一生を淡水域で過ごすものと、サケのように孵化して幼生になってから海に下り、再び産卵のために生まれた川を遡上するものがいます。サケほどの母川回帰能力はないようですが、このとき成魚は幼生の出すフェロモンを感じとって、故郷の川であることを認知するといわれています。

次世代の子どもたちが、大人に産卵場を教えるというのは、大変面白い生態です。

ヤツメウナギからの教え

あなたの人生の師となるのは、上司や年上の人とは限りません。ときには部下が与えてくれるヒントが窮地を救ってくれたり、大きな仕事に結びつくこともあります。常に、謙虚さをもつことが大切です。

Sensei

21

鱮《タナゴ》先生曰く

「ビジネスマンとして
成功する秘訣は、
周囲にいる『使える人』を
利用し尽くすことです。
そして、ときには自分も
利用されることです」

鱮

【分類】コイ目コイ科タナゴ亜科の魚類の総称。
【生態】この仲間はすべて、産卵は生きた二枚貝の中におこなうという習性がある。繁殖期のオスは美しい婚姻色が出現することから人気が高いが、多くの種類が絶滅危惧種に指定されている。

＊写真は日本固有種のニッポンバラタナゴである。

限られた世界で、使える相手を利用し尽くす

タナゴの仲間は繁殖期を迎えると、オスは美しい婚姻色をまとい、メスはお腹から「産卵管」という管が伸びてきます。この産卵管を二枚貝の中に差し込んで、卵を産みつけます。一方、二枚貝は、幼生を水中に放出して、ハゼやドジョウなどの魚の主にえらの部分に寄生させて育て、やがて脱落して貝になります。

狭い水域だからこそ、彼らは相手を巧みに利用して生きています。しかし、二枚貝の幼生はタナゴに寄生しても上手に育たず、タナゴは二枚貝なしには産卵できず、また、魚がいなければ二枚貝は増えない運命という不思議な三角関係です。

タナゴからの教え

周囲をよく見渡して、使える人がいれば、躊躇なく、とことん利用し尽くしましょう。そして、ときにはあなたも利用されましょう。それが限られた世界の中で、最高の仕事をするための秘訣です。

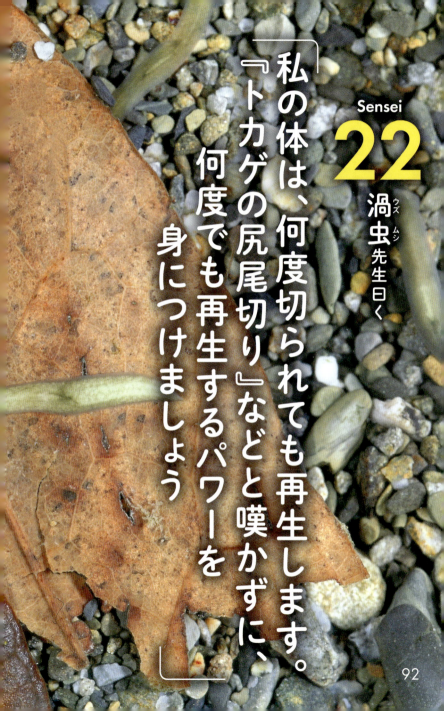

Sensei

22

渦《ウズ》虫《ムシ》先生曰く

「私の体は、何度切られても再生します。
『トカゲの尻尾切り』などと嘆かずに、
何度でも再生するパワーを
身につけましょう」

渦虫

【分類】ウズムシ目の動物。

【生態】消化管が前に1本、後ろに2本伸びていることから、この仲間は三岐腸類とも呼ばれる。再生研究のモデル生物として、注目されている。

切られても切られても死なない

日本で最も一般的なウズムシは、ナミウズムシです。プラナリアともいいますが、この呼び名は、本来ウズムシの広い分類群をさすものです。

体の表面に繊毛が生えていて、顕微鏡で観察すると、この繊毛の動きによって水に渦が生じるのが見えるため、ウズムシと呼ばれます。非常に優れた再生能力をもっていて、その体を複数に切って分断しても、それぞれが再生して個体を増やすことができます。ある実験では、1匹のウズムシを100個に切り分けたら、すべて再生して100匹になったといわれていますから、驚くべき生命力です。

ウズムシからの教え

詰め腹を切らされて、組織から見放されることを「トカゲの尻尾切り」といいますが、どんな境遇にあっても、再生することをあきらめてはいけません。

泥鰌

【分類】コイ目ドジョウ科ドジョウ属の魚類。
【生態】体長は10 ～15センチ程度である。主に水田やその周辺水路、湿地に生息し、全国に分布している。古くから食用として人気があり、柳川鍋など名物も多い。

Sensei

23

泥《ド》鰌《ジョウ》先生曰く

「大切なものを分散して備える
リスクヘッジは大切です。
二足のわらじを履いていれば、
思い切った勝負もできるものです」

いざというとき二足、三足のわらじが身を助ける

河川や田んぼに暮らすドジョウは、普段は他の魚類同様にえらで呼吸をしていますが、水中の酸素が不足してくると、空気中から酸素をとり込んで、腸で空気呼吸をおこないます。また、皮膚を通して酸素をとり込む皮膚呼吸もします。

淡水中の酸素が欠乏すると、えら呼吸しかできない普通の魚は酸欠に陥り、死んでしまいますが、ドジョウは腸呼吸や皮膚呼吸を合わせもつ、スーパーハイブリッドな機能によって生き延びることができます。「二匹目の泥鰌」ならぬ「二足、三足のわらじ」を履くことによって、厳しい世界を生き抜きます。

ドジョウからの教え

経営者はもちろん、サラリーマンにも、日々危機管理、リスクヘッジを心がける姿勢が必要です。非常時に備え、もうひとつの力を普段から養っておきましょう。

臭亀

【分類】カメ目イシガメ科イシガメ属の爬虫類。

【生態】メスのほうが顕著に大きくなり、甲長が25センチほどになるが、オスは15センチ程度。背甲に3本の隆起があるのが特徴。主に平野部の川やため池などに生息している。

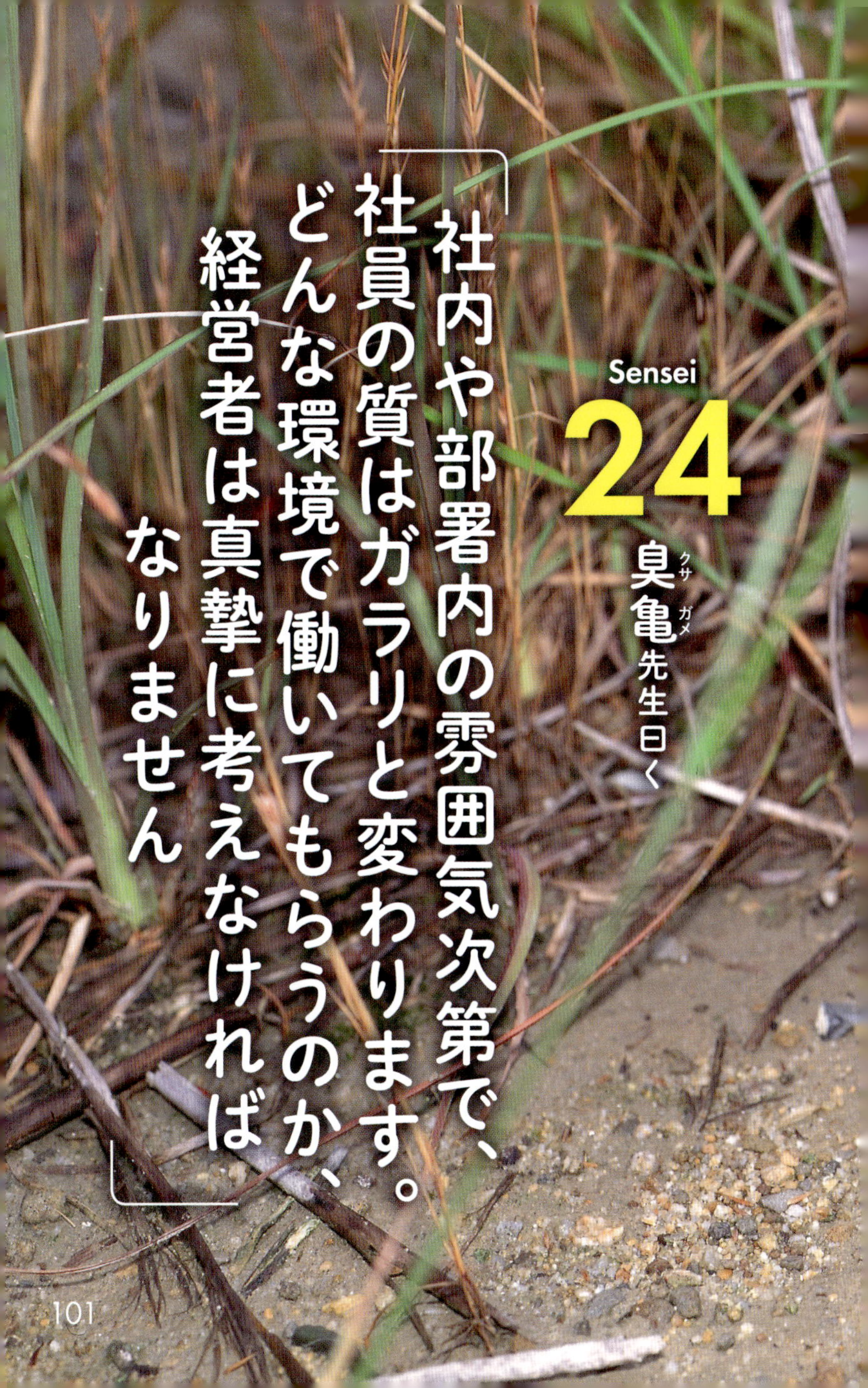

Sensei

24

臭《クサ》亀《ガメ》先生曰く

「社内や部署内の雰囲気次第で、
社員の質はガラリと変わります。
どんな環境で働いてもらうのか、
経営者は真摯に考えなければ
なりません」

環境次第で男になったり女になったり……

臭い匂いを放つことから、クサガメと呼ばれるようになりました。日本には、江戸時代に朝鮮半島からもち込まれて、ほぼ全国的に分布するようになりました。

ほかのカメも同様ですが、オスとメスが交尾をして、それが受精したときにはまだ性が決定していません。産まれた卵が孵化するまでの間の温度環境によって、性別は決定するのです。

カメの種類によって、その温度は異なります。ある種は高温側がすべてオスになり、またある種は高温と低温はメスになり、中間の温度はオスになるといったレポートがあります。

クサガメからの教え

環境が、そこにいる人に影響を与えるのは、当然のこと。会社の雰囲気は、社員のモチベーションに必ず影響します。経営者は、常に職場環境の改善に敏感でなければなりません。

Sensei

25

田《タ》犬《イヌ》稗《ビエ》先生曰く

「カリスマ経営者の多くは、危ない橋を渡った経験があるものです。凡人との違いは、その橋から飛び降りるタイミングが絶妙だったことです」

田犬稗

【分類】イネ目イネ科ヒエ属の植物。

【生態】野生種のヒエを総称してノビエと呼ぶが、タイヌビエはそのひとつ。水田耕作で最も厄介な雑草といわれる。かつて農家は、1本1本手作業でとり除く「ひえ抜き」をおこなってきたが、現在はノビエに有効な除草剤を使うことが多くなった。

危ない橋を渡るときは、引き際が肝心である

栄養価の高い雑穀として、近年見直されつつあるイネ科のヒエですが、その野生種であるタイヌビエは、米作りをする田んぼでは強害雑草です。タイヌビエの若い株は、稲にそっくりで、それは農家に見つからないように生長を遂げるために身につけた擬態といわれています。似ているのは若い時期だけで、稲が育つとバレてしまうため、なんと稲穂よりも早く生育し、バレる寸前には自らの種をまいてしまいます。

それは、まるで〝完全犯罪〟のような見事さです。手練のアウトローによる、引き際の美学を彷彿とさせるような生態に、感動すら覚えます。

タイヌビエからの教え

大きな成功を収めるためには、ときに危ない橋を渡らねばならない局面もあります。しかし、あくまでそれは非常手段ですから、決して長居をしてはいけません。

黒鯛

【分類】スズキ目タイ科クロダイ属の魚類。
【生態】体長は30 ～40センチのものが多いが、最大では70センチ程度のものも見られる。東アジア沿岸に広く生息し、釣りの対象魚や食用として人気がある。水深50メートル以下の浅い海域に生息し、汽水域にも多い。

Sensei

26

黒《クロ》鯛《ダイ》先生曰く

「仕事の局面や相手の出方によって、ときにはコワモテで凄んだり、ときにはオネエのようにソフトにいなしたり、柔軟にふるまえなければ交渉事はうまくいきません」

有利に展開するために自分を変える

クロダイは、幼魚のときは卵巣部分と精巣部分が合わさった生殖腺をもっていますが、2〜3歳時は精巣が成熟してオスとして機能し、4〜5歳になると一部がメスに性転換します。大きな体のほうが多くの卵をもつことができるので、大きくなってからメスになることは、繁殖に有利に働くといえます。この例とは別に、ブダイやベラの仲間は、はじめはメスとして成熟し、あとでオスに性転換します。こちらは大きなオスが縄張りをもち、複数のメスを従えてハーレムをつくります。より大きく強いオスが多くのメスを獲得できるので、繁殖に有利というわけです。

クロダイからの教え

厳しい生存競争に勝つために、私は成長にしたがって、都合よく性別を決める術を身につけました。

ビジネスの世界も同じことで、成功するためには、局面や相手をよく見て、柔軟に対応することが大切です。

井戸蚯蚓鯊

【分類】スズキ目ハゼ科ミミズハゼ属の魚類。
【生態】体長は5 ～8センチ程度で、ミミズのように細長い円筒形の体形をしている。ハゼの仲間は背びれがふたつあるのが特徴だが、イドミミズハゼの仲間は体のうしろのほうにひとつあるだけである。

Sensei

27

井戸《イド》蚯蚓《ミミズ》鯊《ハゼ》先生曰く

「あなたが独創的であるならば、
人が集まる場所よりも、
人気がない場所で勝負をするほうが、
面白いビジネスが
できるかもしれません」

競争相手が少ない場所を選んで生き残る

イドミミズハゼは、その名の通り、井戸の中で発見されたミミズのような体形をしたハゼの仲間です。眼は退化してしまい、全身は薄いピンク色をしています。

地下水の中で暮らし、砂利の間などで産卵します。川の中に現れることは、まずありません。

地表を流れる川と異なり、井戸の中は競争相手が少ない環境です。通常、川や湖で暮らす淡水魚は、水深や水流などさまざまな環境要因で棲み分けをおこなっていますが、普通の魚が棲まない場所に、あえて進出することで、彼等は生きる場所を得たのでしょう。

イドミミズハゼからの教え

魅力的な場所には、競争相手も多いもの。たとえ人が目を向けない場所であっても、あなたのアイデア次第では、宝の山にできるかもしれません。

赤腹蠑螈

【分類】有尾目イモリ科イモリ属の両生類。
【生態】体長は7 ～13センチ程度の日本固有種である。「ニホンイモリ」とも呼ばれている。背面の黒褐色、腹面の赤地に不規則な黒い斑紋が特徴的である。琉球諸島には腹面がオレンジ色のシリケンイモリが生息する。

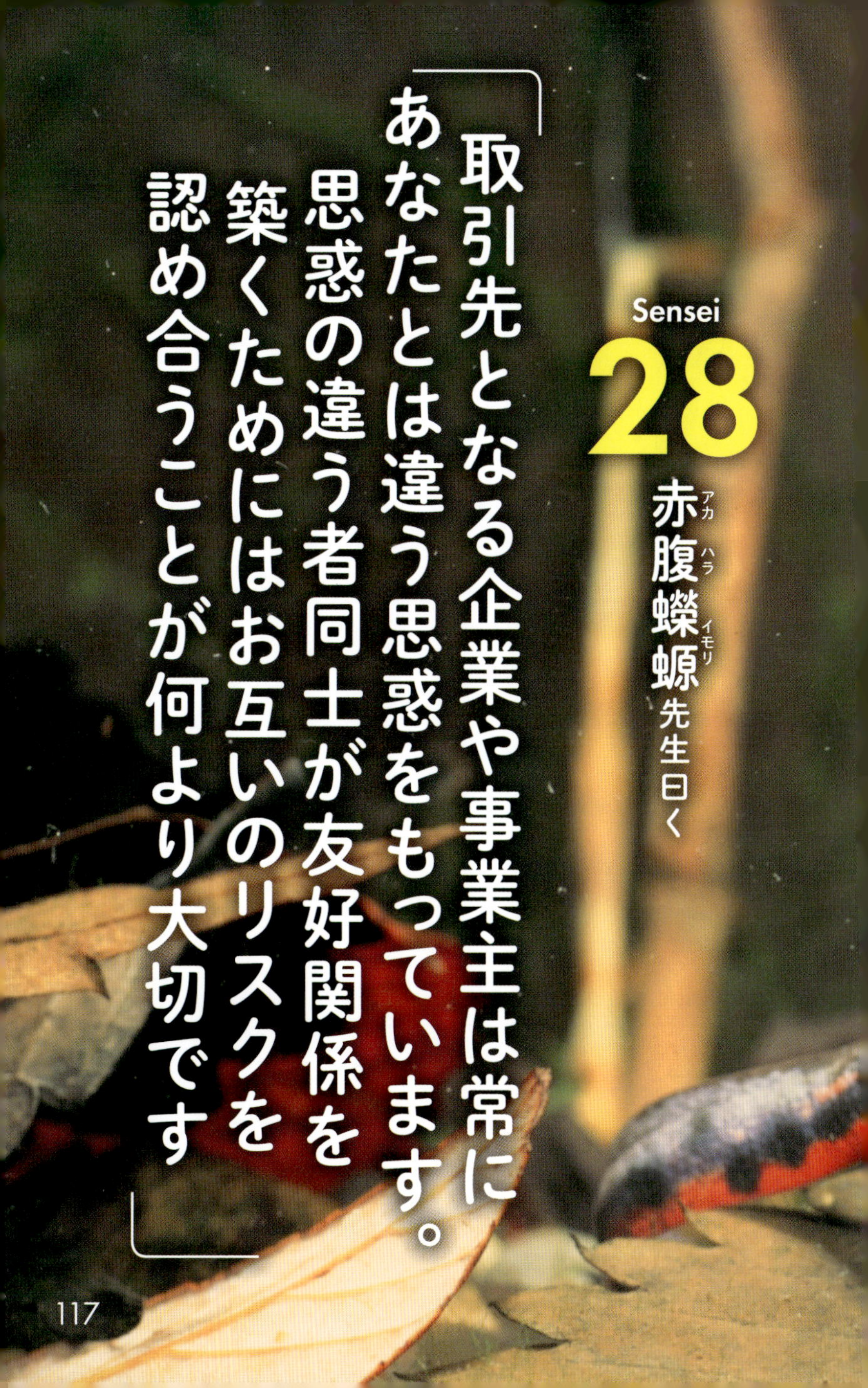

Sensei **28**

赤《アカ》腹《ハラ》蠑螈《イモリ》先生曰く

「取引先となる企業や事業主は常にあなたとは違う思惑をもっています。思惑の違う者同士が友好関係を築くためにはお互いのリスクを認め合うことが何より大切です」

オレに触れるとヤケドするぜ！

田んぼや水路、池などに生息しているアカハライモリは、その背中の色は黒～茶褐色、腹側は色鮮やかな赤地に黒斑紋という、とてもコントラストの強い色彩をしています。この特徴的な体色が、その名の由来となっていますが、腹側を彩る赤色は「毒をもっている」ことを他の生きものに知らせる警戒色となっています。

実際、アカハライモリはフグと同じテトロドトキシンと呼ばれる猛毒をもっています。

あらかじめ、「自分を食べたら、死んじゃうよ！」と周囲に知らせることで、自分を守っているのです。

アカハライモリからの教え

多様性をもつことで、自然界は美しく、強くなります。それは人間の世界も同じこと。考え方の異なる者同士が友好に、共存していくためには、お互いが内包しているリスクを知り、それを認め合うことも大切です。

森青蛙

【分類】無尾目アオガエル科アオガエル属の両生類。
【生態】体長は4.2 ～8.2センチ程度の日本固有のカエルで、本州と佐渡島に生息している。四肢の指にある吸盤は発達していて、樹木の上での生息に適している。平野にも見られ、田んぼで産卵することもある。

Sensei

29

森《モリ》青《アオ》蛙《ガエル》先生曰く

「目で見ることの
できないものでも、
その実態を知ろうとする
努力は大切です。
真の姿を解明するヒントは
必ずあります」

見えないものをいかに察知するか？

モリアオガエルは日本の固有種で、普段は森林に生息しています。繁殖期は4〜7月頃ですが、この時期になると生息地に近い湖沼などの水辺に集まってきます。

そして、一斉に樹木に登っていき、夜になると枝先などに泡状の卵塊を産みつけます。

このとき、必ず水面上に張り出した枝先を選び、孵化したオタマジャクシはそのまま水中に落ちます。

下に水がなければ死んでしまうわけですが、小さなカエルが数メートルも上の枝から、どうして下に水面があることを察知できるのか、その理由はいまだにわかっていません。

モリアオガエルからの教え

ビジネスの世界では、マーケティングリサーチは市場の傾向や実態を探る試みとして、必要不可欠です。「市場の動向が見えない」とあきらめず、見よう、知ろうとする努力が成功につながります。

Sensei

30

大山《オオサン》椒《ショウ》魚《ウオ》先生曰く

「ひたすら成長し続ける時代もあれば、
エネルギーを極力削減して、
耐え忍ぶべき時代もあります。
何より生き残ることが大切です」

大山椒魚

【分類】有尾目オオサンショウウオ科オオサンショウウオ属。

【生態】体長は、最大では150センチを超えることもある世界最大の両生類。主に西日本、九州などの渓流や里川に生息する。国指定の特別天然記念物である。

停滞を恐れず、焦ることなくチャンスを待つ

我が国の固有種であり、世界最大の両生類であるオオサンショウウオは、我々日本人が思っている以上に、海外ではよく知られている人気の高い生きものです。このオオサンショウウオの大きな特徴のひとつは、100年を超えることもあるといわれる寿命の長さです。大きな体を支えるために多くの餌が必要なはずですが、餌が少ないときには巣穴の中でジッと耐えて、体が痩せて小さくなりながらも耐え忍ぶことができるといいます。ガツガツし続けるだけでなく、省エネ生活を送りながらチャンス到来を待つ忍耐力も、厳しい難局を乗り越えるためには必要なのかもしれません。

オオサンショウウオからの教え

さらなる成長をしようと努力するだけでは、生き残れないこともあります。難しい局面では、必要最低限の省エネで耐え忍び、次のチャンスまで命をつなげることも大切です。

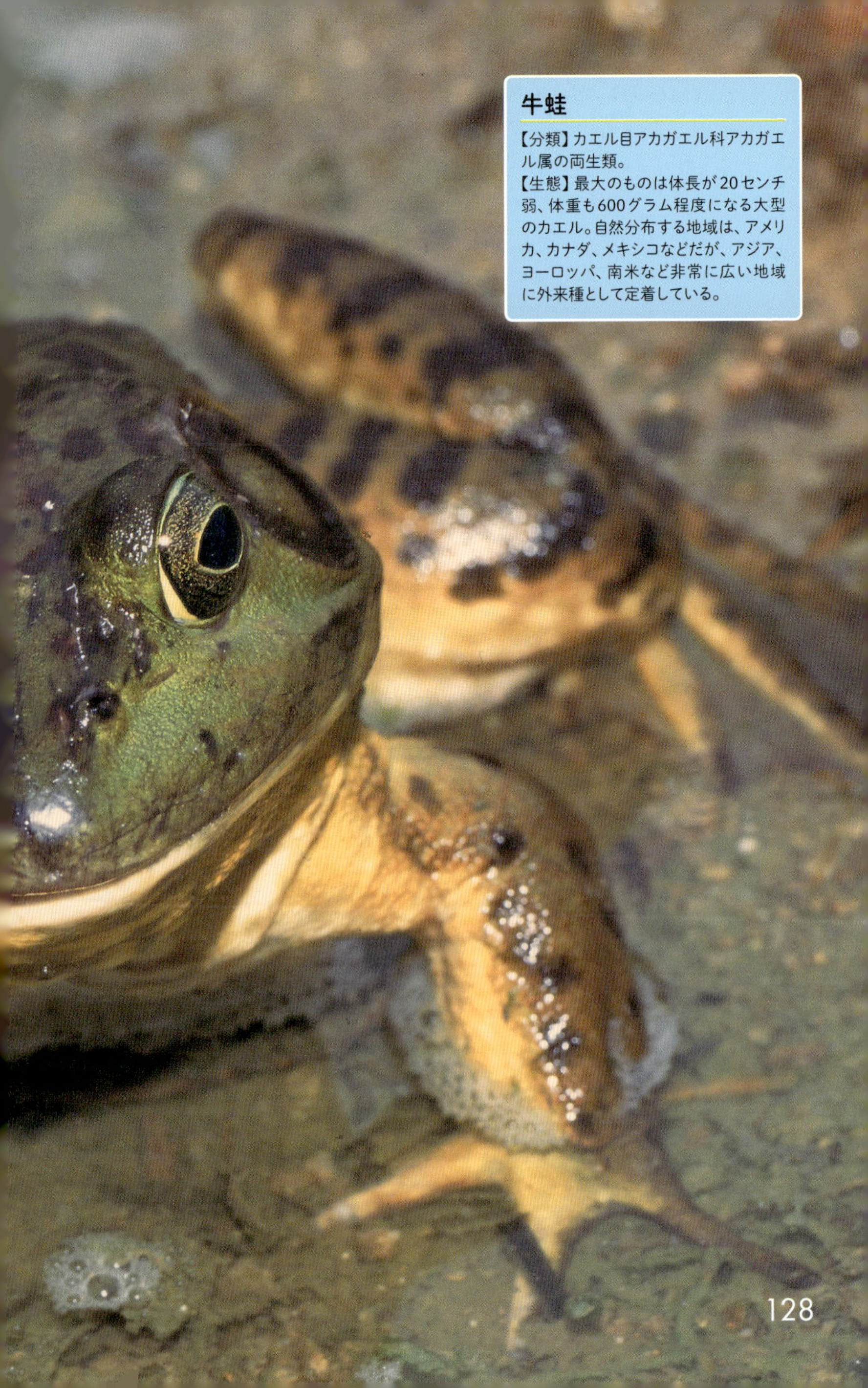

牛蛙

【分類】カエル目アカガエル科アカガエル属の両生類。

【生態】最大のものは体長が20センチ弱、体重も600グラム程度になる大型のカエル。自然分布する地域は、アメリカ、カナダ、メキシコなどだが、アジア、ヨーロッパ、南米など非常に広い地域に外来種として定着している。

Sensei **31**

牛《ウシ》蛙《ガエル》先生曰く

「ビジネスの世界は
弱肉強食が鉄則です。
強い者は強い者なりの矜持をもって、
目的を遂行すればいいのです」

大きな口で何でも食べる危険な存在

鳴き声が牛に似ていることが、和名の由来です。特定外来生物に指定されていて、その大きな口に入るものであれば、どんな生物でも食べてしまいます。日本の在来生物にとって、とても危険な存在で、ある地域からウシガエルをとり除いたら、減少が危惧されていたゲンゴロウやトンボなどの生息数が復活したという報告もあります。
「食用蛙」とも呼ばれるように、食用としてアメリカから輸入されましたが、各地に放逐されてしまったため、大繁殖してしまいました。しかし、ウシガエルが悪いわけではなく、そもそもは私たち人間が悪いのです。

ウシガエルからの教え

「出る杭は打たれる」といいますが、とかく強者は批判の対象となります。しかし、その批判の根拠は、的外れなこともしばしば。周囲の雑音に惑わされることなく、信念をもってやり遂げることも大切です。

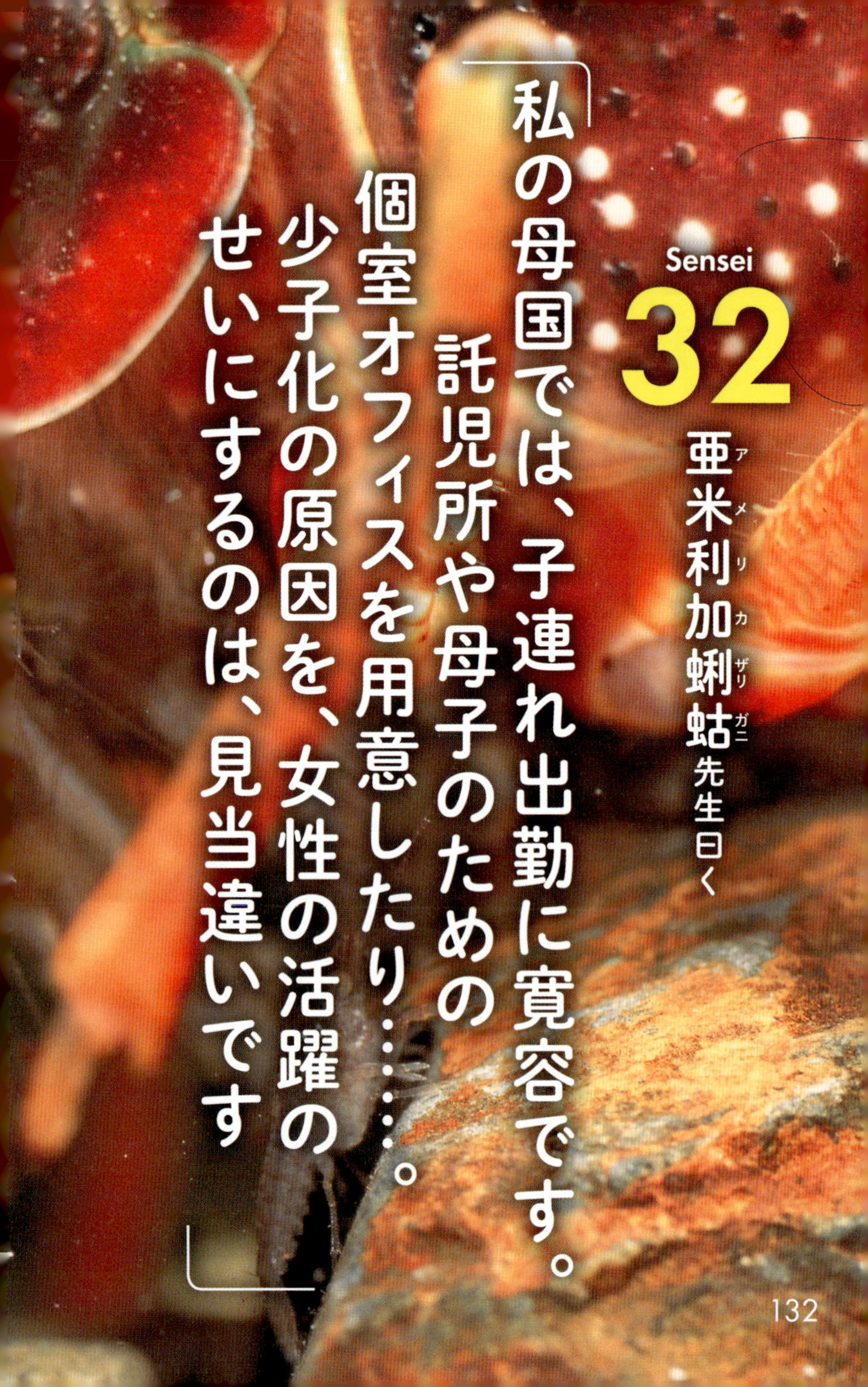

Sensei
32
亜《ア》米《メ》利《リ》加《カ》蝲《ザリ》蛄《ガニ》先生曰く

「私の母国では、子連れ出勤に寛容です。
託児所や母子のための
個室オフィスを用意したり……。
少子化の原因を、女性の活躍の
せいにするのは、見当違いです」

亜米利加蝲蛄

【分類】エビ目アメリカザリガニ科アメリカザリガニ属の甲殻類。

【生態】通常、体長は12センチ前後だが、大きなものは20センチになる。アメリカ原産の外来種で、日本以外でも多くの地域に移入されている。「マッカチン」とも呼ばれ、子どもに人気が高い。

過保護な子守りで大繁殖に成功

アメリカザリガニは、北米原産の外来生物です。ウシガエルの餌として輸入されたのをきっかけに全国に広がり、田んぼの畔に穴を開けたり、若い稲の苗を食べてしまう困った存在となっています。このアメリカザリガニは思いのほか子煩悩で、メスは産んだ卵を腹に抱えて過ごし、孵化後しばらくの間も稚えびを腹につけたまま生活します。母親は、子どもを外敵から守るだけでなく、お腹に新鮮な水を送ったりもして、誠に甲斐甲斐しく世話をします。まさに究極の過保護といえるでしょう。その戦略が成功して、いまや世界中の淡水域で猛威を振るうほどに繁殖しているのです。

アメリカザリガニからの教え

国力の源は、子どもです。子育てのしやすい環境が整えられれば、少子化問題の解決につながるだけでなく、明るい未来をつくることにもなるのです。

Sensei

33

日《ニ》本《ホン》鰻《ウナギ》先生曰く

「いつまでも
見聞を広める
旅を忘れずに、
広く、深く世界を
見つめることが
成功の秘訣です」

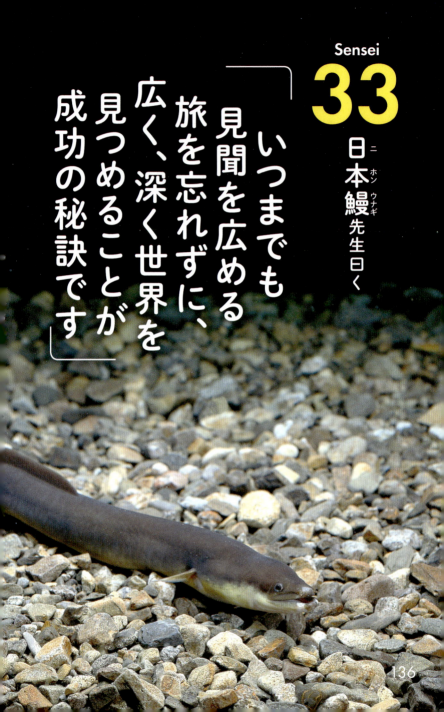

日本鰻

【分類】ウナギ目ウナギ科ウナギ属の魚類。

【生態】体長は100センチほどにもなり、大きく成長したものを「大ウナギ」と呼ぶことがあるが、オオウナギという別種が存在するので注意が必要である。重要な食用魚種だが、激減している。

すべての世界を知る魚

川や湖などで成長したニホンウナギは、やがて海に下り、日本から数千キロも離れたマリアナ海嶺周辺の海で産卵して、死んでいきます。そこで孵化した幼生は、黒潮に乗って日本沿岸まで流れ着き、再び川を遡上するのです。

ニホンウナギの一生は、親も子も、実に長い旅をします。淡水に棲んでいるときには、雨の日などに山を越えることもありますので、陸上、淡水域、汽水域、海域とすべての世界を知っているという、すごい生きものなのです。絶滅が危惧されるほど、数が少なくなってしまったこの魚を守っていきたいものです。

ニホンウナギからの教え

日々の仕事に追われていると、とかく視界は狭くなりがち。会社だけが世界のすべてのように見えてしまいます。ときには、オフィスから飛び出して、広く世界に目を向けましょう。

山楝蛇

【分類】有鱗目ナミヘビ科ヤマカガシ属の爬虫類。
【生態】体長は60 ～120センチ程度で、北海道を除いて全国に生息している。カエルを好んで食べるため、田んぼにもよく姿を現す身近なヘビだが、実は首や顎の奥に毒腺をもつ毒ヘビである。

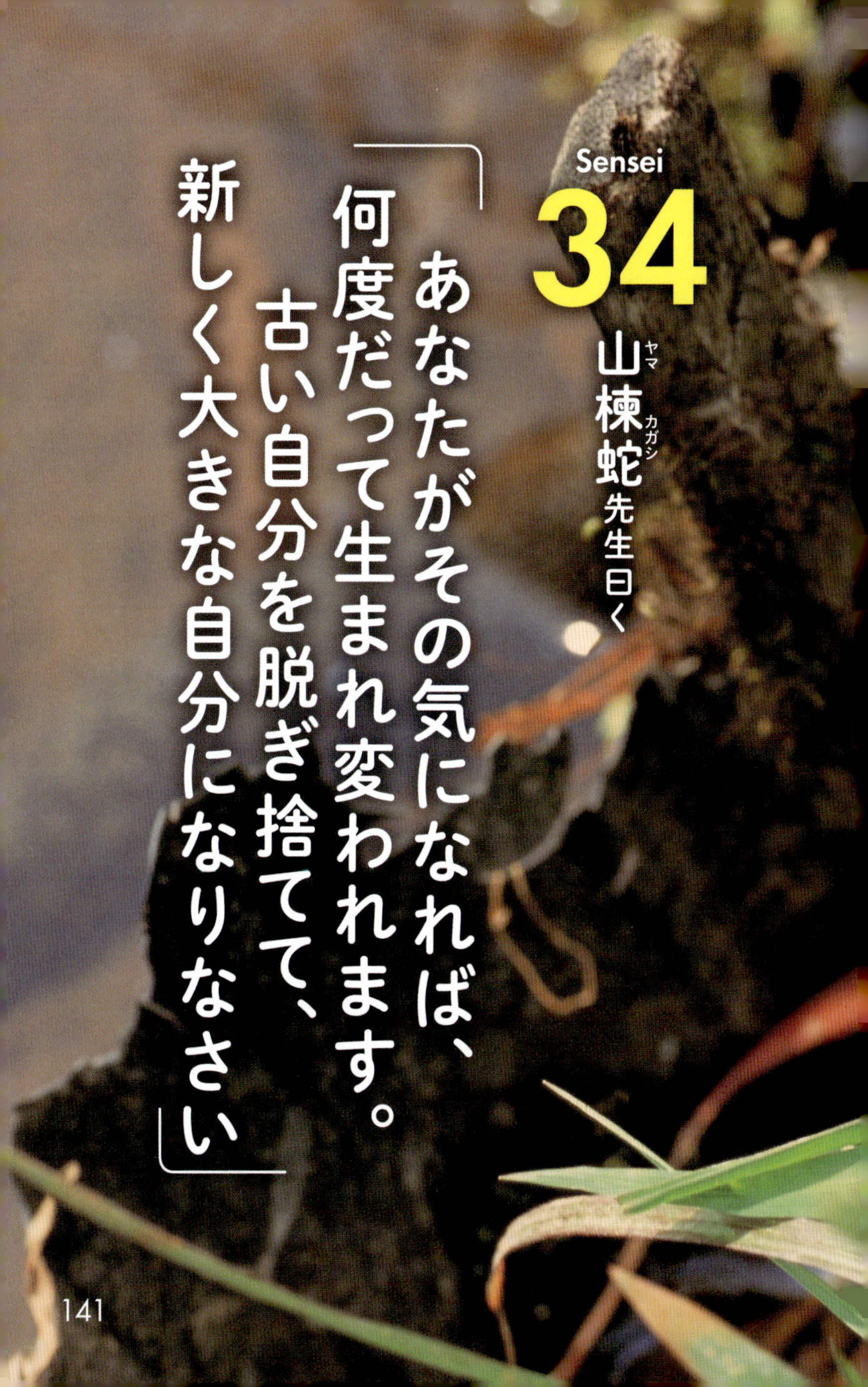

Sensei

34

山《ヤマ》棟蛇《カガシ》先生曰く

「あなたがその気になれば、
何度だって生まれ変われます。
古い自分を脱ぎ捨てて、
新しく大きな自分になりなさい」

一皮剥けて大きくなれ！

　ヤマカガシの「カガシ」とは、古語で「蛇」を意味する言葉です。その名の通りであれば、山に棲息する蛇ということになりますが、実際は田んぼや平地の湿地などにも多く、ヤマカガシは日本人にとって、最も身近なヘビのひとつです。
　ヘビは成長するにしたがい、脱皮をくり返します。その様子から「生まれ変わり」や「復活」のイメージが生まれ、古来よりさまざまな信仰の対象とされてきました。脱皮を観察してみると、最初に口の先端あたりの皮がめくれ、やがて靴下を裏返して脱ぐように全身の皮が剥がれていき、１本の脱皮殻がきれいに残ります。

ヤマガカシからの教え

いつまでも、いまのあなたのままで生きる必要はありません。ときには、古い自分を捨て去って、心機一転することも、長い人生には必要です。人生は一度きりですが、精神は何度でも生まれ変われるのです。

Sensei

35

鯥《ムツ》五《ゴ》郎《ロウ》先生曰く

「相手の心を捕まえるためには、精いっぱい自分を大きく、華やかに見せることが大切です」

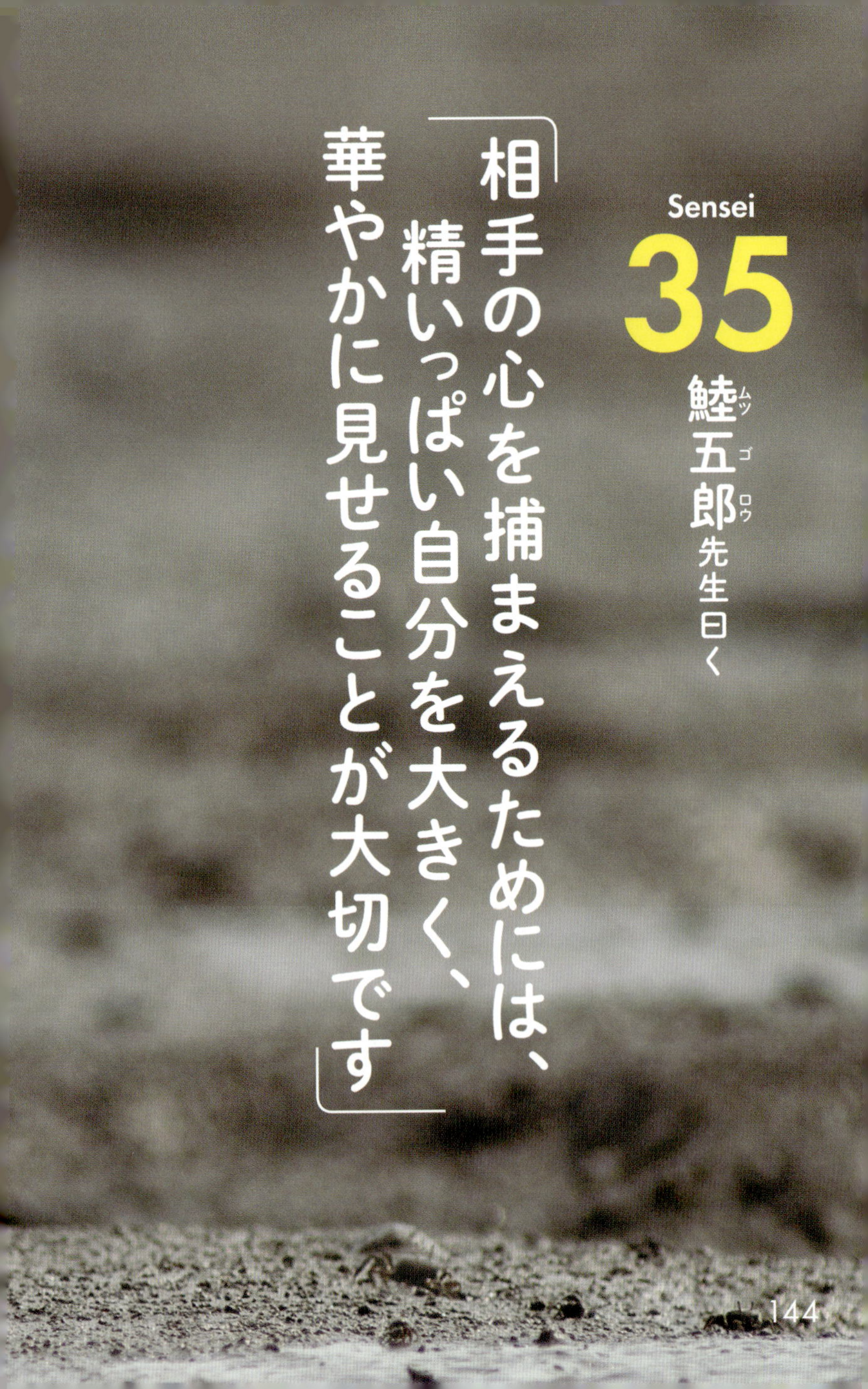

鯥五郎

【分類】スズキ目ハゼ科ムツゴロウ属の魚類。

【生態】体長は普通15センチ、最大でおよそ20センチ。東アジアに分布するが、日本では有明海や八代海だけに生息する。かば焼きは、佐賀県の郷土料理となっている。

美しく跳んでパートナーにアピールする

干潟の泥上を這う姿がひょうきんで、なんとも愛らしいムツゴロウは有明海などに棲むハゼの仲間です。繁殖期は5～7月頃で、メスに対してオスが盛んに求愛する姿が見られるのはこの時期です。オスはメスに、大きなヒレを精いっぱい広げてアピールします。そして、体長の倍近くの高さまでジャンプをしてみせるのです。私が観察に行ったときにも、ムツゴロウのジャンプは干潟のそこかしこで見られました。細長い体を丸めるようにしてから、勢いよく尾で泥を叩いて、バネのように反動を利用して跳ぶのですが、私の眼には外の世界を見たくて、飛んでいるように映りました。

ムツゴロウからの教え

大切なパートナーを得るためには、少しでも自分を大きく、華やかに見せる努力が大切です。精いっぱいアピールしようとする姿勢にこそ、相手の心は動くのですから……。

横蝦

【分類】ヨコエビ目ヨコエビ亜目の甲殻類の総称。
【生態】海洋に棲むものが圧倒的に多いが、淡水に適応したものもおり、日本からはおよそ40種類が報告されている。体長は数ミリから1センチ程度であるが、優れた分解者として、また魚などの餌生物として重要な存在である。

*写真はヒメアナンデールヨコエビである。

Sensei

36

横《ヨコ》蝦《エビ》先生曰く

「恋愛も仕事も、これぞと思うパートナーは、芽が出る前から、しっかり捕まえておきなさい」

大切なパートナーは早めに捕まえておく

川底などに生息している甲殻類の仲間で、海辺にいるフナムシが背を曲げたような姿をしています。体長は、数ミリから1センチ程度と小ぶりです。横になって泳ぐ習性から、ヨコエビと呼ばれています。

繁殖期になると、オスは盛んにメスを追いかけますが、メスが交尾できるのは脱皮した直後だけ。いくつかの種類のヨコエビは、オスが脱皮前のメスをがっしりと脚ではさんで捕えておき、片時も離さずに連れ回します。交尾のチャンスを逃さないように、キープするわけです。逃がさないようにするオスも大変ですが、捕捉されたまま暮らすメスも気の毒です。

ヨコエビからの教え

人生やビジネスにおいて、いいパートナーを得ることは大切です。あなたがいい仲間、いい異性と思う相手は、他の人からも好印象をもたれています。「この人だ！」と感じたら、一刻も早く捕まえておきましょう。

糸魚

【分類】トゲウオ目トゲウオ科イトヨ属の魚類。
【生態】体長は5 〜7センチ程度。オスは産卵期になると水底に水草などで巣をつくり、メスが産卵したあとも卵や孵った稚魚の世話をおこなう。水環境の悪化などにより、各地で絶滅が懸念されている。

*写真は陸封型で、一生を淡水で過ごす。

Sensei

37

糸《イト》魚《ヨ》先生曰く

「ファッションや
容姿も
判断基準には
なりますが、
最後にモノを
いうのは、
やはり実力です」

見た目に惑わされず実力を見極める

イトヨは、トゲウオの仲間です。特異な求愛行動をする魚で、オスはメスを誘うために「ジグザグダンス」と呼ばれる面白い動きを見せます。ピッと進んでは止まり、また方向を変えて、ピッと進んでは止まるというキレッキレな特有の泳ぎをくり返すのです。この時期のオスは体色が赤くなり、派手な色彩をおびますが、長年研究者の間では「派手な個体ほどモテる」と考えられてきました。しかし、実はそうではなく、派手な個体でもあまりダンスをしないオスはモテず、地味な体色でもキレのあるダンスを持続しておこなうオスのほうがモテる傾向があることが判明したのです。

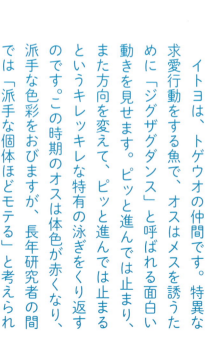

イトヨからの教え

ビジネスでも恋愛でも、相手はあなたの見た目よりも、実力を見極めようとしてくるものです。カッコをつけているだけでは、いいパートナーを得ることはできません。

子負虫

【分類】カメムシ目コオイムシ科コオイムシ属の水生昆虫。

【生態】体長はおよそ2センチ。全国に広く分布しているが、水環境の悪化により希少になりつつある。肉食で、魚や貝、他の昆虫に口針と呼ばれる管を挿入して、肉を消化液で溶かして吸う。

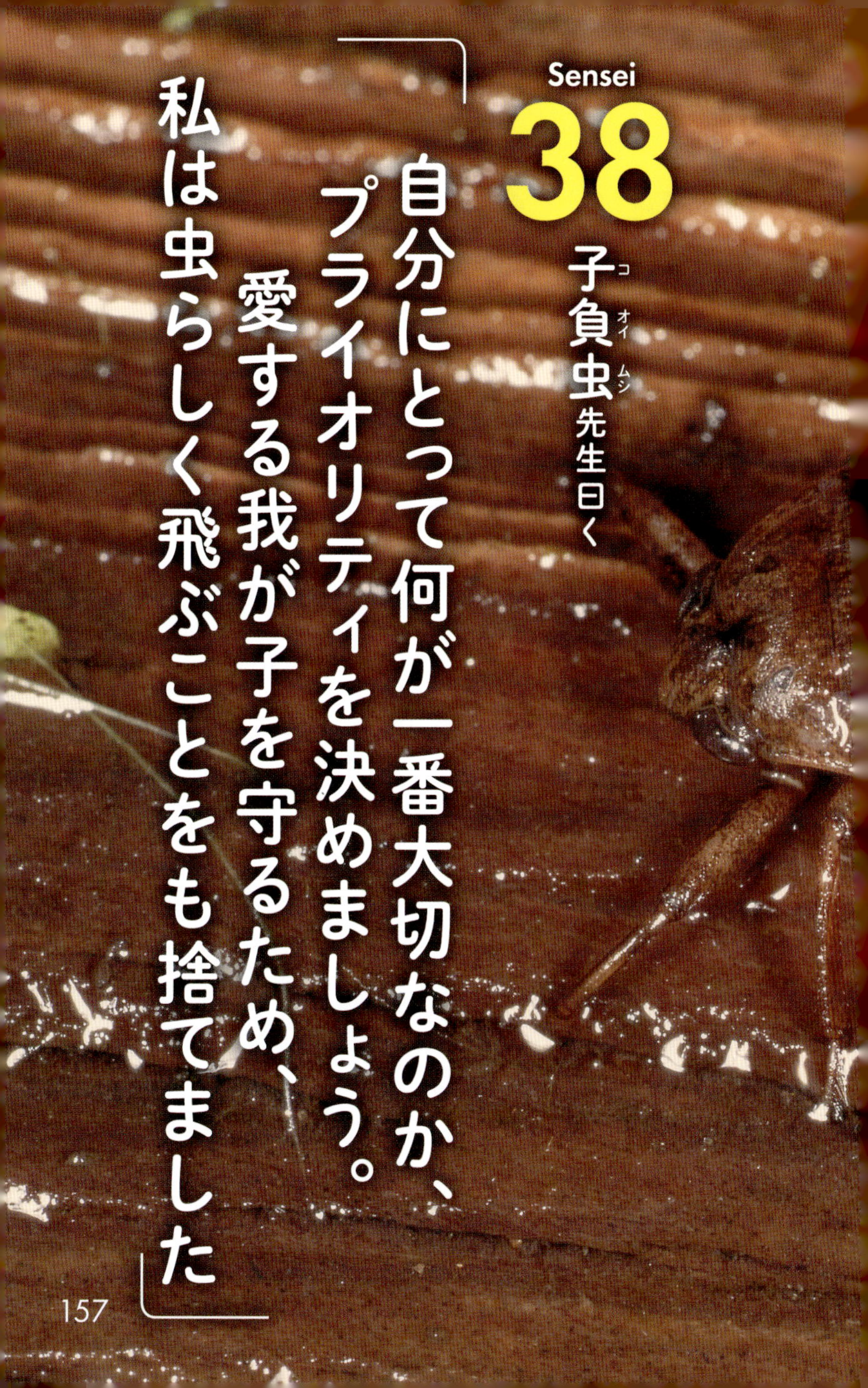

Sensei
38
子《コ》負《オイ》虫《ムシ》先生曰く

「自分にとって何が一番大切なのか、
プライオリティを決めましょう。
愛する我が子を守るため、
私は虫らしく飛ぶことをも捨てました」

「一番大切なもの」より大切なものはない

　コオイムシは、水田などに棲む肉食の水生昆虫で、近縁種にはタガメやタイコウチ、ミズカマキリなどがいます。タガメ同様「卵はオスが守る」というイクメン昆虫ですが、その子守りスタイルは異なります。タガメのメスは、水から出た杭や植物の茎などに産卵しますが、コオイムシのメスは、オスの背中に卵を産みつけます。オスが卵を背負って子守をすることから、「子負虫」と呼ばれますが、子守りの間は羽を広げることができず、飛ぶことができません。我が子の安全と引き換えに、自らのリスクを高める選択をするなんて、男気にあふれているではありませんか。

コオイムシからの教え

「一番大切なものを一番大切にする」当たり前でシンプルな選択を、いつでもできる心のもちようが大事です。

Sensei

39

昔《ムカシ》蜻蛉《トンボ》先生曰く

「私は3億年前に
進化することをやめました。
なぜって？
この姿、この生き方以上のものは
ないと悟ったからです」

昔蜻蛉

【分類】トンボ目ムカシトンボ科ムカシトンボ属の昆虫。

【生態】日本固有のトンボで、体長は5センチ程度。主に山間部の渓流域に生息する。極めて原始的な種族であるため、「生きた化石」のひとつに数えられている。

完璧な姿を手に入れれば、進化は止まる

※ゴキブリも3億年前から生息しています。

ムカシトンボはその名の通り、現生するトンボの仲間の中では最も古い種類で、およそ3億年前から姿かたちが変わっていないといわれています。

我々人類につながる霊長類が出現したのは約1億年前で、最古の猿人といわれるサヘラントロプス・チャデンシスが現れたのは約600万年前ですから、ムカシトンボからは、「オレとは年季が違うよ」といわれてしまいそうです。

幼虫の姿で7年間を過ごし、成虫としては2週間しか生きられない彼らですが、ある意味、完璧な進化を遂げた生きものであるのかもしれません。

ムカシトンボからの教え

常に進化し続ける商品は、実は「未完成品」ともいえるのかもしれません。「完璧な進化を遂げた商品は、何年も何十年も、そのままであり続けるものです。

新人諸君へ
管理職の方へ
経営者の方へ
人生訓

青大将

【分類】有鱗目ナミヘビ科ナメラ属の爬虫類。
【生態】体長は110 ～ 200センチ程度で、成体の背面は青みがあることから、この名がある。気温が高い日に体温が上がり過ぎると、川などで泳いで体温を下げるようだが、その姿はとても優雅だ。

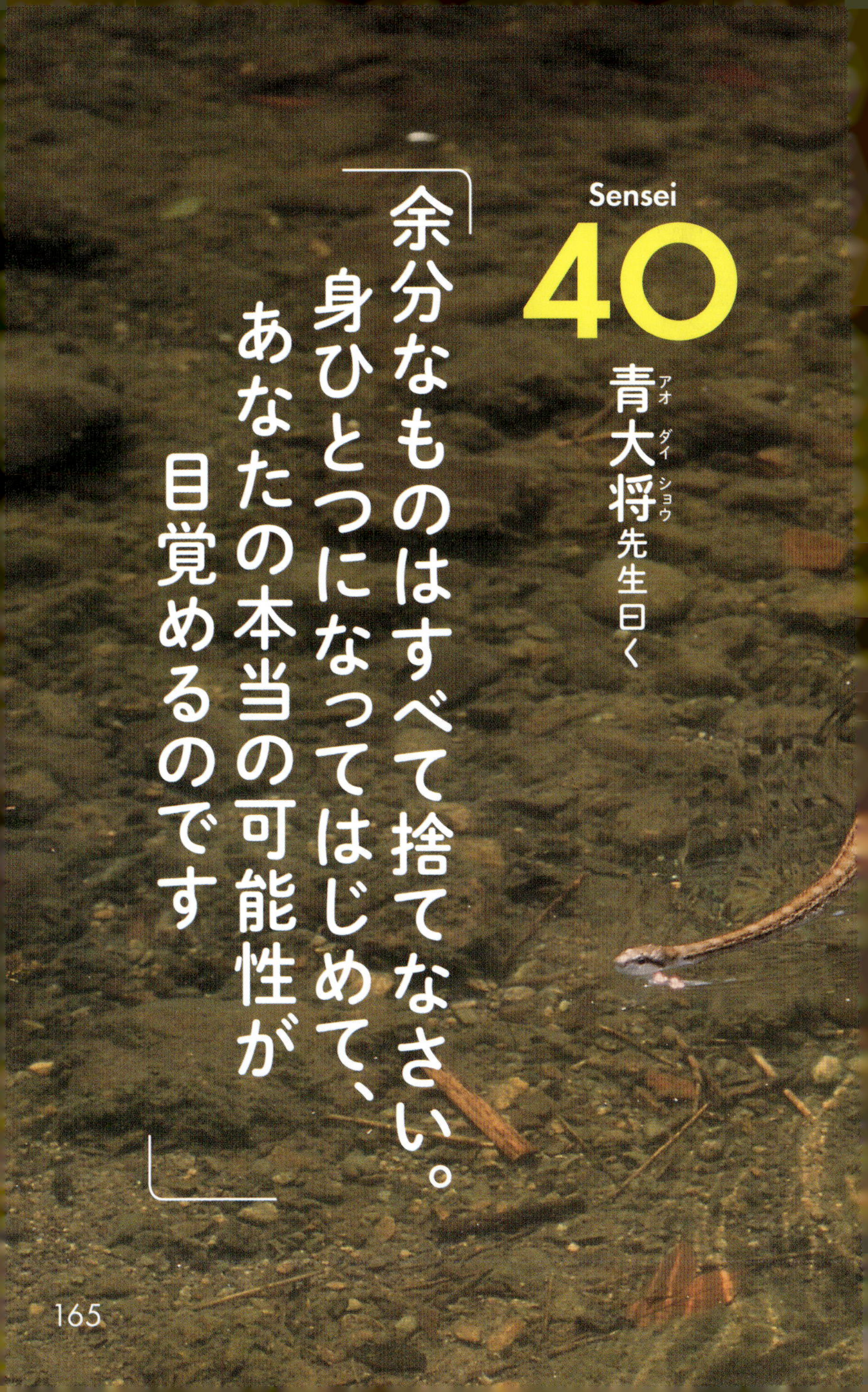

Sensei

40

青《アオ》大《ダイ》将《ショウ》先生曰く

「余分なものはすべて捨てなさい。
身ひとつになってはじめて、
あなたの本当の可能性が
目覚めるのです」

捨てることで得られるものもある

アオダイショウは、木登りが上手なヘビで、木の上で鳥やその卵を食べるほか、民家の屋根裏に棲みついてネズミを捕食することから、家の守り神ともされていました。

手足がなく、クネクネとした姿をしているため、ヘビを気味悪く感じる人は少なくありませんが、生物学的には「無駄のない究極のフォルム」ともいわれます。

ロープ状の体型は適用性が高く、その優れた能力を生かして、南極を除くすべての大陸に生息しています。

極限まで余分なものをそぎ落として得られたものは、決して小さくないようです。

アオダイショウからの教え

人は知らずしらず、いろいろなものを背負い込んで生きています。余計なものをかなぐり捨てたとき、眠っていたポテンシャルが目覚めるのです。

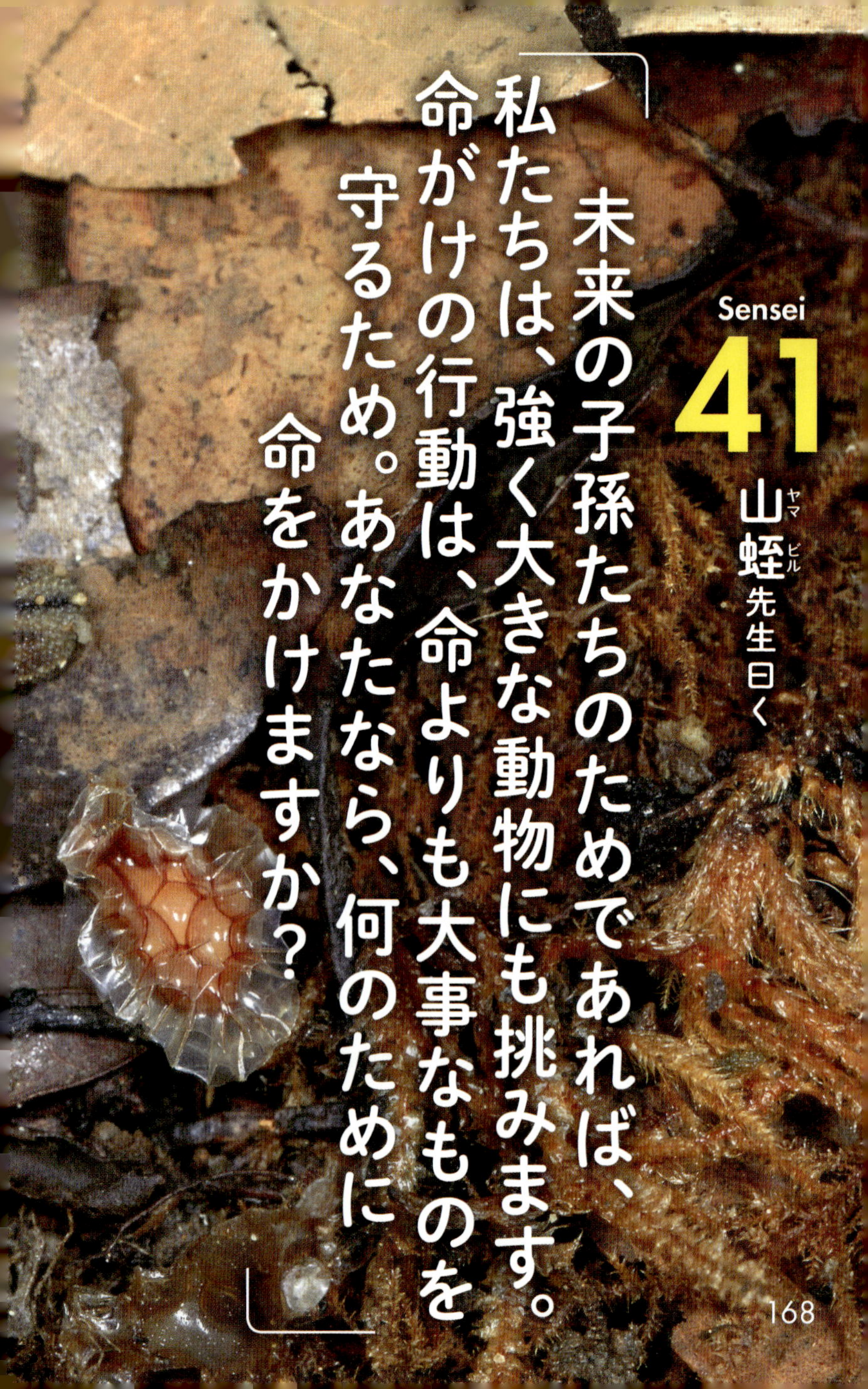

Sensei

41

山《ヤマ》蛭《ビル》先生曰く

「未来の子孫たちのためであれば、
私たちは、強く大きな動物にも挑みます。
命がけの行動は、命よりも大事なものを
守るため。あなたなら、何のために
命をかけますか？」

山蛭

【分類】顎ヒル目ヒルド科の環形動物。
【生態】体長は3センチ前後だが、非常によく伸縮して、2倍ほどまで伸びる。吸血性のヒルの仲間のうち、本土で陸生するのは唯一このヤマビルだけである。熱や振動、呼吸による二酸化炭素などで動物の接近を感知する。

*写真のヤマビルの右下に見えるのは、卵のうである。中には、5〜6個の卵が含まれる。

本当に大切なことのためには命がけであれ

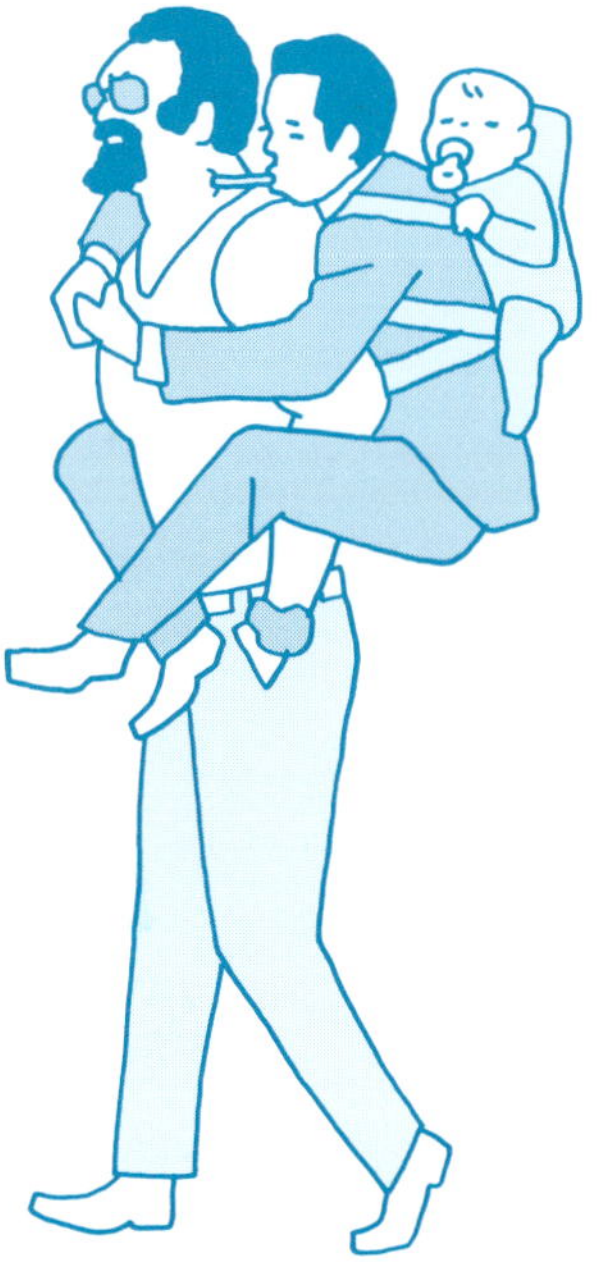

ヤマビルが多く生息している場所に行くと、どんなに気をつけていても、必ずといっていいほど被害に遭ってしまいます。袖口や裾《すそ》を閉じたつもりでも、いつの間にか忍び込んできて、知らないうちに吸血されてしまうのです。

ヒルは皮膚にかみつくと、血液が凝固しないようにヒルジンという成分を注入しますが、このとき同時に麻酔成分を入れるため、私たちはかまれても痛みを感じません。なんとも気持ちの悪い姿をした吸血鬼ですが、危険を冒してでも動物の血を吸うのは、産卵のためです。子孫繁栄のための決死の行動なのです。

ヤマビルからの教え

子どもや子孫のため、ときにはかけがえのない仕事のために、人は命がけになります。命がけになれることを見つけられた人は幸福です。

あとがき

身近にいる生きものたちに、興味をもって欲しい。

たとえ、その生きものが「嫌い」でも構わないのだ。

しかし、その存在を認め、

「学ぶべきものがあるかもしれない」

と思っていただけたら、何より幸いである。

この本を書くにあたり、
多くの研究者、友人たちにお世話になった。

お名前を挙げることは控えるが、感謝に堪えない。

ありがとうございました。

自宅スタジオの片隅にて

著者
内山りゅう プロフィール

1962年東京生まれ。ネイチャーフォトグラファー。『大山椒魚』（ビブロス）、『アユ　日本の美しい魚』（平凡社）、『いきものアート』（ジュリアン）など多くの写真集を発表するほか、『田んぼの生き物図鑑』（山と渓谷社）、『水の名前』（平凡社）など著書多数。『くらべてわかる淡水魚』『山渓ハンディ図鑑15 日本の淡水魚』（山と渓谷社）、『世界の動物遺産』（集英社）などの図鑑に多くの写真を提供、『水のコレクション』、『田んぼのコレクション』（フレーベル館）、『ヘビのひみつ』、『ウナギのいる川　いない川』（ポプラ社）など子ども向け書籍も多く手掛けている。
公式HP　http://www.uchiyamaryu.com

新人諸君！**弱い雄《オトコ》の戦略に学べ！**
二〇一六年　四月十七日　初版発行

著者　内山りゅう
発行者　井上弘治
発行所　**駒草出版**　株式会社ダンク 出版事業部
〒一一〇－〇〇一六
東京都台東区台東一－七－一　邦洋秋葉原ビル二階
TEL　〇三（三八三四）九〇八七
FAX　〇三（三八三四）四五〇八
http://www.komakusa-pub.jp/

印刷・製本　日経印刷株式会社
[プロデュース・編集]　西田貴史（manic）
[イラスト]　岡田丈
[ブックデザイン]　松田剛（東京一〇〇ミリバールスタジオ）

ISBN 978-4-905447-67-2　C0036